2018

中国粮食发展报告

CHINA GRAIN DEVELOPMENT REPORT 2018

国家粮食和物资储备局　主编

经济管理出版社

ECONOMY & MANAGEMENT PUBLISHING HOUSE

图书在版编目（CIP）数据

2018 中国粮食发展报告 / 国家粮食和物资储备局主编 .—北京：经济管理出版社，2018. 11
ISBN 978-7-5096-6164-2

Ⅰ . ① 2… Ⅱ . ①国… Ⅲ . ①粮食问题—研究报告—中国—2018 Ⅳ . ① F326.11

中国版本图书馆 CIP 数据核字 (2018) 第 267163 号

组稿编辑：张　艳
责任编辑：张　艳　张广花　乔倩颖
责任印制：黄章平
责任校对：赵天宇

出版发行：经济管理出版社
　　　　　（北京市海淀区北蜂窝 8 号中雅大厦 A 座 11 层　　100038 ）
网　　址：www. E-mp. com. cn
电　　话：（010）51915602
印　　刷：海利德彩印有限公司
经　　销：新华书店
开　　本：889mm×1194mm /16
印　　张：11.25
字　　数：224 千字
版　　次：2018 年 12 月第 1 版　2018 年 12 月第 1 次印刷
书　　号：ISBN 978-7-5096-6164-2
定　　价：150.00 元

2018 中国粮食发展报告编辑委员会

委 员

吴　晓　　国家发展和改革委员会农村经济司司长
刘小南　　国家发展和改革委员会经济贸易司巡视员
程行云　　国家发展和改革委员会价格司副巡视员
潘文博　　农业农村部种植业管理司司长
姜雷光　　国家统计局国民经济综合统计司副巡视员

编审组

颜　波　方　进　周冠华　秦玉云　唐柏飞

编写组
（按姓氏笔画排序）

丁　斌	马雯婧	孔晶晶	方　进	王　旭	王　辉	王　磊
王　镭	王小可	王世海	王业东	王正友	王辽卫	王晓辉
王莉蓉	王唯远	王敬涵	王耀鹏	史京华	叶一位	乔领璇
刘　尧	刘　武	刘冬竹	刘华鹏	刘妍杉	刘秀明	刘青青
刘珊珊	刘莉华	匡广忠	向玉旭	吕昱晨	孙　哲	孙丽娟
孙国峰	孙洪波	孙海平	成信磊	曲贵强	朱　震	祁潇哲
纪　展	许　策	邢文煦	闫文婕	余　龙	吴永顺	吴君杨
张　云	张　怡	张　勇	张　倩	张　雷	张　蕾	张　馨
张一娇	张丹丹	张永福	张亚龙	张亚奇	张军杰	张宇阳
张延华	张成志	张志恒	张朋飞	张嘉佩	张慧杰	李　红
李　玥	李　洵	李　涛	李亚莉	李军岩	李寅铨	李鹏飞
杨　林	杨卫民	杨乔伟	杨焕成	杨道兵	肖　赟	肖春阳
邱天朝	陈　玲	陈书玉	陈玉中	陈军生	周　波	周　惠
周竹君	尚　华	林凤刚	林明亮	罗小虎	罗守全	郑祖庭
金　贤	姚　磊	姜明伦	洪　荣	皇甫志鹏	胡　兵	胡文国

编辑部

目 录

2017 年中国粮食发展概述   1

第一部分　粮食生产

一、粮食生产概述   4

二、粮食生产品种结构   4

三、粮食生产地区布局   5

四、主要粮食品种生产成本分析   7

五、粮食生产能力建设   10

第二部分　粮食市场供求与价格

一、粮食市场总体概述   14

二、小麦市场供求与价格   14

三、稻米市场供求与价格   16

四、玉米市场供求与价格   20

五、杂粮市场供求与价格   23

六、食用油市场供求与价格   24

第三部分　粮食质量与安全

一、总体状况   28

二、主要粮食品种收获质量   28

三、优质和专用粮食品种质量   31

专栏："优质粮食工程"   33

第四部分　粮食市场监管

一、粮食仓储管理   38

二、粮食流通秩序规范   40

三、粮食质量安全监管   41

目　录

专栏：粮食安全隐患"大排查快整治严执法"集中行动　　44

第五部分　粮食宏观调控

一、政策性收购　　48

二、粮食储备及轮换　　48

三、粮情监测预警　　49

四、粮食产销合作　　50

五、粮食市场建设　　50

六、粮食市场交易　　51

第六部分　粮食流通体系建设

一、粮食仓储物流体系　　54

二、粮食应急保障体系　　55

三、粮食产业经济发展　　55

专栏："粮安工程"　　59

第七部分　粮食流通体制改革

一、粮食流通体制改革概述　　62

二、粮食安全省长责任制考核　　63

三、粮食收储制度改革　　64

四、粮食流通统计制度改革　　65

五、国有粮食企业改革　　65

专栏：粮食行业深化改革转型发展大讨论　　68

第八部分　粮食科研与人才发展

一、粮油标准化　　74

目　录

二、粮食信息化　　　　　　　　　　　　　　76

三、粮食科研发展　　　　　　　　　　　　　79

专栏："科技兴粮"　　　　　　　　　　　　85

四、粮食人才发展　　　　　　　　　　　　　86

专栏："人才兴粮"　　　　　　　　　　　　88

五、粮食行业技能鉴定与职业教育发展　　　　89

第九部分　粮食节约

一、节粮减损行动　　　　　　　　　　　　　94

二、爱粮节粮宣传教育　　　　　　　　　　　95

专栏：2017 年世界粮食日和全国爱粮节粮宣传周　97

第十部分　粮食对外开放

一、2017 年粮油进出口　　　　　　　　　　100

二、对外交流与合作　　　　　　　　　　　　101

附　录

一、2017 年大事记　　　　　　　　　　　　106

二、2017/2018 年度国际粮油市场回顾　　　　120

三、联合国粮农组织（FAO）2018 年全球粮食形势展望　125

四、粮食行业统计资料　　　　　　　　　　　144

　　1. 全国主要粮食及油料播种面积（1978~2017 年）　146

　　2. 全国主要粮食及油料产量（1978~2017 年）　147

　　3. 全国主要粮食及油料单位面积产量（1978~2017 年）　148

　　4. 各地区粮食播种面积（2016~2017 年）　149

　　5. 各地区粮食总产量（2016~2017 年）　150

目 录

6. 各地区粮食单位面积产量（2016~2017 年）　　　151

7. 2017 年各地区粮食及油料播种面积和产量　　　152

8. 2017 年各地区粮油产量及人均占有量排序　　　155

9. 2017 年各地区人均粮食占有量　　　156

10. 2017 年各地区人均农产品占有量　　　157

11. 2017 年分地区粮食产业主要经济指标情况表　　　158

12. 2017 年分地区粮食产业生产能力汇总表　　　159

13. 粮食成本收益变化情况表（1991~2017 年）　　　160

14. 国有粮食企业主要粮食品种收购量（2005~2017 年）　　　161

15. 国有粮食企业主要粮食品种销售量（2005~2017 年）　　　162

16. 全国粮油进口情况表（2001~2017 年）　　　163

17. 全国粮油出口情况表（2001~2017 年）　　　164

18. 国民经济与社会发展总量指标（1978~2017 年）　　　165

后 记　　　167

2017 年中国粮食发展概述

2017 年是实施"十三五"规划的重要一年，是粮食流通改革发展、转型升级的关键之年。全国粮食系统紧密团结在以习近平同志为核心的党中央周围，深入学习贯彻习近平新时代中国特色社会主义思想和党的十九大精神，紧紧围绕习近平总书记国家粮食安全战略思想要求，认真贯彻中央经济工作会议、中央农村工作会议以及全国发展和改革工作会议精神，认真落实党中央、国务院关于粮食安全和粮食工作的决策部署，推动粮食流通改革发展开创新局面，为保障国家粮食安全作出了积极贡献。

一、粮食收储制度改革和库存消化成效明显

2017 年，全国粮食总产量达 66160.7 万吨，比上年增加 0.2%，连续 6 年稳定在 6 亿吨以上。按照国务院统一部署要求，认真组织东北地区玉米市场化收购，扎实做好市场监测、产销衔接、运力保障、资金筹措等各项工作。玉米市场价格形成机制已基本建立，种植结构调整优化，加工企业全面激活，改革效果好于预期。积极完善小麦、稻谷最低收购价政策，进一步增加政策弹性，适当调整最低收购价水平，认真组织政策性收购和市场化收购。2017 年共收购粮食 41712 万吨。粮食库存消化力度持续加大，全年政策性粮食库存消化 8450 万吨，是 2016 年的 1.37 倍；政策性玉米库存比历史最高点下降 28%，2013 年及以前年份的玉米已基本销售完毕。

二、粮食流通监管能力显著增强

一是，加大监督检查力度。国家发展改革委、粮食、财政、农发行等有关部门单位，全面开展粮食安全隐患"大排查、快整治、严执法"集中行动，中储粮系统也开展了"四查一补"，发现和整改了一批突出问题。二是，创新监管执法方式。2017 年分两次对 10 个省份开展跨省交叉执法检查，执法检查效果显著；12325 全国粮食流通监管热线顺利开通试运行，有效拓宽社会监督渠道。三是，完善执法监督体制机制。经中央编办批准，国家粮食局监督检查司更名为执法督查局，强化了监管职责和力量，会同有关部门严肃查处多起涉粮案件，发挥了震慑警示作用。

三、粮食流通重大工程建设实现新突破

为适应市场化改革新形势和粮油消费升级新需求，国家粮食局、财政部启动实施了"优质粮食工程"，主要是建设粮食产后服务体系，为种粮农户和新型经营主体提供多功能、一体化产后服务；建设

粮食质量检验检测体系，把好粮食质量安全关口；开展"中国好粮油行动"，建立优粮优价市场运行机制。2017 年中央财政安排补助资金 50 亿元，重点支持 16 个省份；遴选了首批"中国好粮油"产品，中国好粮油信息平台顺利上线运行。同时，继续深入实施"粮安工程"建设，安排中央预算内投资 19.9 亿元，支持建设仓容 400 多万吨、物流项目 26 个，仓储设施和物流节点布局进一步优化。制定修订了 100 项粮油质量标准，促进了质量升级。与国家平台联网的省级粮食交易中心已达 29 个。

四、粮食产业经济呈现良好发展势头

《关于加快推进农业供给侧结构性改革大力发展粮食产业经济的意见》下发后，国家粮食局召开现场经验交流会进行全面部署。国家有关部门积极落实各项扶持政策，加快粮食产业经济发展。支持国有粮食企业依法将划拨用地转变为出让地；继续实施主产区粮食加工奖补政策和粮食企业税收优惠政策；对 507 家重点粮油产业化龙头企业优先给予信贷支持；鼓励金融机构为粮食流通提供多元化金融服务，为企业"走出去"提供保险服务；成立玉米产业技术创新战略联盟。各地突出特色、因地制宜，以加工转化为引擎，加快产业链、创新链、价值链"三链协同"，统筹建设示范市县、特色园区、骨干企业、优质粮食工程"四大载体"，推动粮食产业创新发展、转型升级、提质增效。据统计，2017 年全国粮食产业经济产值同比增长 4.2%，呈现良好发展势头。

五、法治粮食建设迈出坚实步伐

加快推动粮食安全立法修规，扎实开展粮食安全保障立法相关工作，认真组织《粮食流通管理条例》修订，修订稿已报国务院待审。粮食安全省长责任制"首考"顺利完成，各地抓好粮食安全工作的责任感增强、主动性提高；同时，制定 2017 年度考核方案，优化指标、突出重点，强化了导向性和实效性。国家粮食局分别与宁夏回族自治区、山东省人民政府签订了战略合作协议，共同加强粮食安全保障能力建设。

六、粮食行业自身建设全面加强

全国粮食系统认真学习贯彻党的十九大精神和习近平新时代中国特色社会主义思想，着力推进"两学一做"学习教育常态化制度化，持之以恒落实中央八项规定实施细则精神，党的建设和党风廉政建设不断加强，行风建设、文化建设扎实有力。围绕观念、职能、方式"三个转变"，在全行业积极开展"深化改革转型发展"大讨论，取得了阶段性成效。大兴调查研究之风，形成了一批重点课题成果，有的已转化为具体政策举措。成功举办了 2017 年世界粮食日和爱粮节粮宣传周、粮食科技活动周、粮食质量安全宣传日活动，粮食行业两个项目获得"国家科技进步奖"二等奖；选拔第二批全国粮食行业技能拔尖人才 50 名，培训基层粮食技工 2 万名，江苏科技大学粮食学院、贵州食品工程职业学院建成招生。

第一部分

粮食生产

一 粮食生产概述

2017 年，各级农业部门坚决贯彻新发展理念和党中央、国务院的决策部署，坚持稳中求进总基调，围绕农业供给侧结构性改革主线，扎实推进结构调整和绿色发展，稳定和优化粮食生产，粮食产量实现"十四连丰"，为经济社会发展大局提供了有力支撑。

（一）面积总体稳定

2017 年粮食播种面积 11798.9 万公顷，比上年减少 124.1 万公顷，减幅 1%。

（二）单产稳中略增

2017 年粮食平均单产每公顷 5607.4 公斤，比上年增加 68.2 公斤，增幅 1.2%。

（三）总产连续第十四年丰产

2017 年粮食总产 66160.7 万吨，比上年增加 117.2 万吨，增幅 0.2%，粮食产量连续 6 年稳定在 6 亿吨以上。

二 粮食生产品种结构

（一）三季粮食稳中略增

1. 夏粮面积略减、产量略增

2017 年夏粮播种面积 2686.1 万公顷，比上年减少 21.6 万公顷，减幅 0.8%；总产 14174.5 万吨，比上年增加 118.1 万吨，增幅 0.8%；单产每公顷 5277 公斤，比上年增加 85.6 公斤，增幅 1.7%。

2. 早稻面积、产量均略减

2017 年早稻播种面积 514.2 万公顷，比上年减少 16.8 万公顷，减幅 3.2%；总产 2987.7 万吨，比上年减少 115.5 万吨，减幅 3.7%；单产每公顷 5810.8 公斤，比上年减少 34 公斤，减幅 0.6%。

3. 秋粮面积减少、产量略增

2017 年秋粮播种面积 8598.7 万公顷，比上年减少 85.7 万公顷，减幅 1%；总产 48998.6 万吨，比上年增加 114.7 万吨，增幅 0.2%；单产每公顷 5698.4 公斤，比上年增加 69.5 公斤，增幅 1.2%。

（二）主要粮食品种"三增一减"

1. 稻谷面积持平、产量略增

2017 年稻谷播种面积 3074.7 万公顷，比上年增加 0.1 万公顷，基本持平；总产 21267.6 万吨，比上年增加 158.2 万吨，增幅 0.7%；单产每公顷 6916.9 公斤，比上年增加 51.2 公斤，增幅 0.7%。

2. 小麦面积减少、产量略增

2017 年小麦播种面积 2450.8 万公顷，比上年减少 18.6 万公顷，减幅 0.8%；总产 13433.4 万吨，比上年增加 106.3 万吨，增幅 0.8%；单产每公顷 5481.2 公斤，比上年增加 84.3 公斤，增幅 1.6%。

3. 玉米继续调减

2017 年结构调整的重点品种是玉米，玉米

播种面积 4239.9 万公顷，比上年减少 177.9 万公顷，减幅 4%；总产 25907.1 万吨，比上年减少 454.2 万吨，减幅 1.7%；单产每公顷 6110.3 公斤，比上年提高 143.2 公斤，增幅 2.4%。

4. 大豆稳定增产

2017 年大豆播种面积 723.6 万公顷，比上年增加 64 万公顷，增幅 9.7%；总产 1331.6 万吨，比上年增加 169.6 万吨，增幅 14.6%；单产每公顷 1840.4 公斤，比上年增加 78.8 公斤，增幅 4.5%。

三 粮食生产地区布局

（一）从南北区域看

北方 15 省（区、市）：2017 年粮食播种面积 6854.3 万公顷，比上年减少 95.9 万公顷，减幅 1.4%；产量 38743.3 万吨，比上年减少 58.4 万吨，减幅 0.2%，该区域粮食产量占全国粮食总产的 58.6%。

南方 16 省（区、市）：2017 年粮食播种面积 4944.7 万公顷，比上年减少 28.2 万公顷，减幅 0.6%；产量 27417.4 万吨，比上年增加 175.6 万吨，增幅 0.6%，该区域粮食产量占全国粮食总产的 41.4%。

（二）从东西区域看

东部 10 省（市）：2017 年粮食播种面积

2545.5 万公顷，比上年减少 29.7 万公顷，减幅 1.2%；产量 15581.5 万吨，比上年增加 166.4 万吨，增幅 1.1%，该区域粮食产量占全国粮食总产的 23.5%。

中部 6 省：2017 年粮食播种面积 3503.6 万公顷，比上年减少 40.4 万公顷，减幅 1.1%；产量 20040.5 万吨，比上年增加 117.4 万吨，增幅 0.6%，该区域粮食产量占全国粮食总产的 30.3%。

西部 12 省（区、市）：2017 年粮食播种面积 3433.2 万公顷，比上年减少 44.7 万公顷，减幅 1.3%；产量 16643.6 万吨，比上年减少 179.2 万吨，减幅 1.1%，该区域粮食产量占全国粮食总产的 25.2%。

东北 3 省：2017 年粮食播种面积 2316.6 万公顷，比上年减少 9.4 万公顷，减幅 0.4%；产量 13895.1 万吨，比上年增加 12.6 万吨，增幅 0.1%，该区域粮食产量占全国粮食总产量的 21%。

（三）从生态区域看

东北 4 省（区）：2017 年粮食播种面积 2994.7 万公顷，比上年减少 11.6 万公顷，减幅 0.4%；产量 17149.6 万吨，比上年增加 3.9 万吨，增幅 0.02%，该区域粮食产量占全国粮食总产的 25.9%。

西北 6 省（区）：2017 年粮食播种面积 1214.8 万公顷，比上年减少 31.5 万公顷，减幅 2.5%；产量 5612.5 万吨，比上年减少 177 万吨，减幅 3.1%，该区域粮食产量占全国粮食总产的 8.5%。

黄淮海 7 省（市）：2017 年粮食播种面积 3929.7 万公顷，比上年减少 62.2 万公顷，减幅 1.6%；产量 23611.7 万吨，比上年增加 241.1 万吨，增幅 1%，该区域粮食产量占全国粮食总产的 35.7%。

长江中下游 5 省（市）：2017 年粮食播种面积 1472.9 万公顷，比上年减少 1.5 万公顷，减幅 0.1%；产量 8821.4 万吨，比上年增加 61.7 万吨，增幅 0.7%，该区域粮食产量占全国粮食总产的 13.3%。

华南 4 省（区）：2017 年粮食播种面积 613.9 万公顷，比上年减少 6.1 万公顷，减幅 1%；产量 3204.3 万吨，比上年减少 42.3 万吨，减幅 1.3%，该区域粮食产量占全国粮食总产的 4.8%。

西南 5 省（区、市）：2017 年粮食播种面积 1573.0 万公顷，比上年减少 11.2 万公顷，减幅 0.7%；产量 7761.2 万吨，比上年增加 29.9 万吨，增幅 0.4%，该区域粮食产量占全国粮食总产的 11.7%。

（四）从产销区域看

主产区 13 省（区）：2017 年粮食播种面积 8873.5 万公顷，比上年减少 72.3 万公顷，减幅 0.8%；产量 52138.3 万吨，比上年增加 322.1 万吨，增幅 0.6%，该区域粮食产量占全国粮食总产的 78.8%。

主销区 7 省（市）：2017 年粮食播种面积 481.4 万公顷，比上年减少 4.6 万公顷，减幅 0.9%；产量 2767.1 万吨，比上年增加 9.8 万吨，增幅 0.4%，该区域粮食产量占全国粮食总产的 4.2%。

产销平衡区 11 省（区、市）：2017 年粮食播种面积 2444 万公顷，比上年减少 47.2 万公顷，减幅 1.9%；产量 11255.3 万吨，比上年减少 214.7 万吨，减幅 1.9%，该区域粮食产量占全国粮食总产的 17%。

四 主要粮食品种生产成本分析

（一）2017 年粮食成本收益情况

据全国价格主管部门成本调查机构的调查显示：与上年相比，2017 年我国三种粮食（稻谷、小麦和玉米，下同）平均单产小幅增加，成本小幅下降，价格小幅上涨，亏损大幅减少。

1. 单产小幅增加

2017 年我国粮食单产整体增加，具体品种有增有减。其中，早籼稻、小麦和玉米，由于主产区整体气候好于上年，单产增加；中籼稻、晚籼稻和粳稻，由于主产区遭遇干旱、阴雨或台风等不利天气，单产减少。三种粮食平均亩产 468.7 公斤，增产 11.6 公斤，增幅 2.5%。其中，稻谷（早籼稻、中籼稻、晚籼稻和粳稻平均，下同）481.1 公斤，减产 3.6 公斤，减幅 0.8%；小麦和玉米分别为 423.5 公斤和 501.5 公斤，分别增产 17.2 公斤和 21.2 公斤，增幅分别为 4.2% 和 4.4%。

2. 成本小幅下降

2017 年三种粮食平均生产总成本和现金成本走势分化。其中，每亩总成本 1081.6 元，下降 12 元，降幅 1.1%，为 2004 年以来首次下降；每亩现金成本 510.5 元，上升 9.3 元，升幅 1.9%，自 2004 年以来连续第十四年上升。主要成本项目变动情况：（1）由于种子价格上涨，用量增多，种子费增加，亩均 62.4 元，增加 1.7 元，增幅 2.8%；（2）由于化肥价格小幅上涨，用量略增，化肥费增加，亩

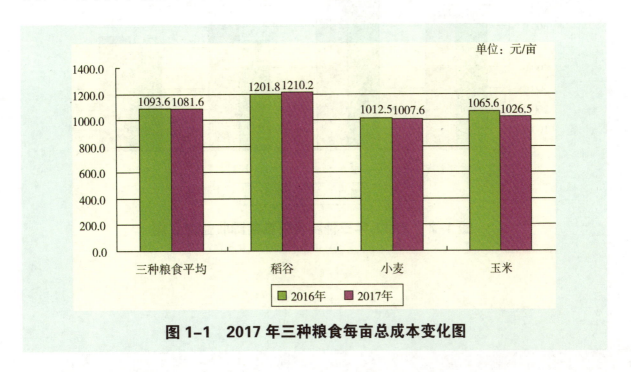

图 1-1　2017 年三种粮食每亩总成本变化图

均 130.9 元，增加 2 元，增幅 1.5%；（3）由于机械化率提高，机械作业费增加，亩均 145.7 元，增加 2.9 元，增幅 2.1%；（4）由于用工数量减少较多，虽然劳动力价格继续上涨，人工成本仍小幅减少，亩均 428.8 元，减少 12.9 元，减幅 2.9%；（5）由于土地价格下跌，土地成本减少，亩均 215.6 元，减少 6.7 元，减幅 3%。

3. 价格小幅上涨

受最低收购价政策支撑及品质提升等因素影响，2017 年粮食价格小幅上涨。三种粮食平均农户出售价格为每 50 公斤 111.6 元，上涨 3.2 元，涨幅 2.9%。其中，稻谷、小麦和玉米分别为 137.9 元、116.6 元和 82.2 元，分别上涨 1.1 元、5 元和 5.2 元，涨幅分别为 0.8%、4.4% 和 6.7%。

4. 亏损大幅减少

从净利润看，2017 年三种粮食平均仍然亏损，但亏损额大幅减少，每亩亏损 12.5 元，减亏 67.7 元，减幅 84.4%。从现金收益（不考虑家庭用工和自有土地机会成本）看，每亩 558.5 元，增加 46.4 元，增幅 9.1%。如果考虑对农业的补贴，每亩实际收益（现金收益加补贴收入）654.3 元，增加 44.4 元，增幅 7.3%。其中，稻谷亩均实际收益 801.1 元，减少 20.8 元，减幅 2.5%；小麦和玉米分别为 607.8 元和 554 元，分别增加 75.4 元和 78.5 元，增幅分别为 14.2% 和 16.5%。

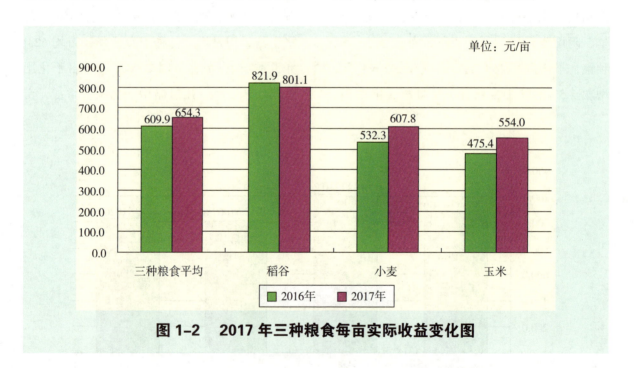

图 1-2　2017 年三种粮食每亩实际收益变化图

表 1-1 2017 年粮食成本收益比较表（一）

单位：元

品种	每亩总成本		每亩净利润		每 50 公斤总成本		每 50 公斤平均出售价格	
	2016 年	2017 年	2016 年	2017 年	2016 年	2017 年	2016 年	2017 年
三种粮食平均	1093.6	1081.6	−80.3	−12.5	117.0	112.9	108.4	111.6
稻谷	1201.8	1210.2	142.0	132.6	122.3	124.2	136.8	137.9
早籼稻	1096.9	1108.3	1.9	18.9	129.9	129.2	130.1	131.4
中籼稻	1209.0	1230.6	181.7	151.5	113.2	116.3	130.2	130.6
晚籼稻	1133.1	1131.9	97.5	103.1	127.5	129.8	138.4	141.6
粳稻	1368.5	1370.1	286.6	256.4	121.4	123.7	146.8	146.8
小麦	1012.5	1007.6	−82.2	6.1	121.5	115.9	111.6	116.6
玉米	1065.6	1026.5	−299.7	−175.8	107.1	99.1	77.0	82.2

表 1-2 2017 年粮食成本收益比较表（二）

单位：元

品种	每亩现金成本		每亩实际收益（含补贴收入）		每 50 公斤现金成本	
	2016 年	2017 年	2016 年	2017 年	2016 年	2017 年
三种粮食平均	501.2	510.5	609.9	654.3	53.6	53.3
稻谷	604.2	624.9	821.9	801.1	61.5	64.2
早籼稻	524.4	543.5	657.3	664.6	62.1	63.4
中籼稻	519.5	545.0	954.3	922.7	48.6	51.5
晚籼稻	562.5	584.1	747.4	732.7	63.3	67.0
粳稻	810.5	826.8	928.8	884.5	71.9	74.6
小麦	474.8	481.7	532.3	607.8	57.0	55.4
玉米	424.7	425.0	475.4	554.0	42.7	41.1

（二）2017 年粮食和主要经济作物效益比较

2017 年我国粮食、棉花、油料、烤烟等主要农产品生产成本、价格和单产变化趋势均出现分化，影响主要农产品生产效益变化趋势也有所不同。具体来看，粮食生产效益增加，棉花、油料、烤烟等农产品生产效益均有所下滑。

从 2017 年亩均实际收益水平看，粮食低于烤烟，高于棉花和油菜籽。其中，粮食与油菜籽、烤烟的差距缩小，与棉花的差距扩大。2017 年粮食亩均实际收益 1279.5 元（按一年两季粮食作物计算，北方地区每亩小麦和每亩玉米的实际收益合计为 1161.7 元，南方地区每亩早籼稻和每亩晚籼稻实际收益合计为 1397.3 元，平均每亩粮食实际收益为 1279.5 元），比烤烟少 1008.1 元，差距比上年缩小 191.1 元；比棉花多 223.6 元，优势比上年增加 108.7 元；比油菜籽多 784.6 元，优势比上年减少 22.7 元。

从 2017 年比较效益看，粮食相对棉花和烤烟上升，相对油菜籽下降。三种粮食平均与棉花、烤烟的实际收益比（分别以棉花和烤烟为 1）分别从上年的 0.56 和 0.25 上升到 0.62 和 0.29；与油菜籽的实际收益比（以油菜籽为 1）从 1.53 下降到 1.32。

五　粮食生产能力建设

2017 年，各有关部门深入贯彻落实党的十八大和十八届三中、四中、五中、六中全会精神，认真学习贯彻党的十九大精神，按照中央经济工作会议、中央农村工作会议和中央一号文件、政府工作报告的部署，紧紧围绕推进农业供给侧结构性改革的主线，主动适应和引领经济发展新常态，坚持以我为主、立足国内、确保产能、适度进口、科技支撑的国家粮食安全战略，稳粮增收、提质增效、创新驱动，不断巩固和提高粮食生产能力，确保谷物基本自给、口粮绝对安全。全年粮食生产获得好收成，实现了粮食生产稳定发展。

（一）加强顶层设计和制度创新，推动粮食生产稳步发展

确保国家粮食安全和重要农产品有效供给，始终是关系国民经济发展和社会稳定的头等大事。根据党的十八届五中全会精神、"十三五"规划《纲要》和 2016 年中央一号文件要求，

2017 年，国务院印发了《关于建立粮食生产功能区和重要农产品生产保护区的指导意见》（以下简称《意见》）。《意见》紧紧围绕"五位一体"总体布局和"四个全面"战略布局，贯彻落实创新、协调、绿色、开放、共享的新发展理念和国家粮食安全战略，紧扣国家粮食安全和棉油糖等重要农产品有效供给的底线，综合考虑未来消费需求、国内自给率目标、农业生产现状、水土资源条件和可持续发展等因素，提出了力争用 3 年时间完成 9 亿亩粮食生产功能区、2.38 亿亩重要农产品生产保护区划定任务，力争用 5 年时间基本完成"两区"建设的目标任务，通过产能建设、政策引导、强化管理等措施，着力构筑新时期保障国家粮食安全和重要农产品有效供给的屏障。

高标准农田是现代农业的重要基础，是农业综合生产能力的重要体现，是确保国家粮食安全、保障重要农产品有效供给的根本前提。2016年中央一号文件明确提出，到 2020 年确保建成 8 亿亩、力争建成 10 亿亩集中连片、旱涝保收、

稳产高产、生态友好的高标准农田。为落实党中央、国务院的决策部署，进一步抓好高标准农田建设，2017年，经国务院同意，国家发展改革委、财政部、国土资源部、水利部、农业部、中国人民银行和国家标准委7部门联合印发了《关于扎实推进高标准农田建设的意见》（以下简称《意见》）。《意见》以确保谷物基本自给、口粮绝对安全和保障重要农产品有效供给为目标，以提升农业综合生产能力为主线，以永久基本农田保护区、粮食主产区和重要农产品生产保护区为重点，明确了高标准农田建设的总体要求、主要目标、重点任务和工作要求，着力建立健全工作机制、全程监管机制、建后管护机制和投融资创新机制，改进和加强高标准农田建、管、护等各个环节工作，力求进一步提升建设质量和水平，推动高标准农田建设迈上新台阶。

（二）强化高标准农田建设，夯实粮食生产基础

按照党中央、国务院的决策部署，国家有关部门认真贯彻落实"藏粮于地、藏粮于技"战略，坚持把粮食生产能力建设作为重点支持领域，不断加大投入力度，加强高标准农田建设，改善粮食生产基础设施条件，确保粮食生产能力不下降，保障国家粮食安全。

一是，按照国务院印发的《全国新增1000亿斤粮食生产能力规划》的要求，安排中央预算内投资152亿元，用于800个产粮大县田间工程建设，新建和完善灌排沟渠、桥涵闸等灌排渠系工程、集蓄水设施、机井维修配套、土地平整以及机耕道等田间工程设施，形成一批集中连片、旱涝保收的高产稳产粮田。

二是，安排中央财政资金680亿元左右，继续实施农业综合开发中低产田改造、土地整治和小型农田水利专项建设，改善粮食生产条件，建设高标准基本农田。

三是，安排中央预算内投资约155亿元，用于大型灌区续建配套与节水改造、新建大型灌区工程、大型灌排泵站更新改造等项目建设，保障农业灌排用水需要，提高灌排保障能力和农业用水效率，缓解水资源供需矛盾，转变农业发展方式。

四是，探索投资管理长效机制，开展了以高标准农田建设为平台的涉农资金整合试点，探索各渠道、各层次高标准农田建设资金的整合模式和经验，建立健全统筹安排使用建设资金的新机制，实现"多个渠道进水，一个池子蓄水，一个龙头出水"，形成高标准农田建设的合力。

五是，创新投融资模式，采取政府与社会资本合作等方式，通过财政资金吸引金融资本、社会资金和市场主体参与高标准农田建设和管理，拓宽投资渠道，加快建设步伐，提高建设标准。

六是，加强高标准农田建后监管，依托国家的土地监管平台，实行各渠道投资建设的高标准农田统一上图入库，精准管理、动态监管。探索高标准农田建后管护长效机制，将田间设施交由合作社、村民自治组织和种粮大户主体自建自管，确保长期发挥效益。初步统计，在各地区、各有关部门的共同努力下，2017年全国建设高标准农田约513万公顷，基本完成年度建设任务，形成了一批集中连片、旱涝保收、稳产高产、生态友好的粮食生产基地，项目区粮食平均产能提高10%以上，亩均粮食产量增加100公斤左右，提高了粮食生产水平，促进了农民增收，为实现全年粮食增产奠定了坚实基础。

（三）推进现代种业发展，提升育种科研能力

为加快国家级粮食作物育制种基地建设，改善育制种条件，加快新品种培育，提高种子质量水平和市场监管检测能力，保障粮食生产用种需要，2017年，国家进一步加大投入力度，安排中央预算内投资加快甘肃杂交玉米、四川杂交水稻制种基地建设。通过实施土地平整、农田水利、田间道路和农田防护林等工程建设，集中连片改造制种田，配套建设种子监管和服务体系，提高玉米、水稻种子标准化、规模化生产水平和种子质量水平，增强良种供应保障能力。积极推进南繁科研育种基地建设，完成部分育种专区项目建设前期工作，搭建科研育种平台，改善科研实验、制种田和种子检测等设施条件，充分发挥海南独特的光热资源优势，提升科研育种手段和能力，促进现代农作物种业的发展。继续安排中央预算内投资实施农作物良种工程建设，加强农作物品种改良中心、良种繁育基地、区域试验站等公益性、基础性设施建设。开展粮食生产重大科技攻关、现代农业产业技术体系建设和粮食高产创建整县推进，加快优良品种和先进栽培技术的推广应用。此外，通过实施植物保护能力提升工程，加强粮食作物病虫害防控。开展耕地休耕轮作试点、东北黑土地保护、耕地质量建设等，提升耕地地力水平和产出能力。在各方面共同努力下，2017年全国粮食平均亩产373.8公斤，比上年增加4.5公斤，增长1.2%。

第二部分
粮食市场供求与价格

一 粮食市场总体概述

2017 年，农业供给侧结构性改革持续推进，国内粮食种植结构进一步优化，虽然粮食播种面积有所减少，但单产增加，粮食总产量增加。在粮食去库存的背景下，国内需求增速稳步增加，但粮食整体仍然供大于求。分品种看，在玉米实行市场定价后，市场活跃度显著增强，玉米价格低位反弹；稻谷最低收购价格下调，稻谷市场价格总体水平下移；小麦质量整体好于上年，市场化收购量增加，小麦价格整体较上年基本保持稳定；国产大豆种植面积和产量双双增加，价格有所下行，但蛋白粕需求的快速增长仍刺激大豆进口量大幅增加。

2017 年，全球粮食产量进一步增加，国际粮价维持较低水平，但国内粮价仍维持高位，国内外粮食价格倒挂水平仍然较大。分品种看，国内小麦价格维持高位，国内外价差小幅扩大，进口量继续增长；国内稻米供应充裕，但由于国内外进口价差长期存在，大米进口量创历史新高；国内外玉米价差继续缩小，玉米进口量继续下降。整体来看，2017 年谷物进口量为 2559 万吨，较上年增加 360 万吨，加上创纪录的 9553 万吨大豆进口量，我国粮食进口总量再超 1 亿吨，国内粮食市场仍然受到进口粮食的冲击和影响。

二 小麦市场供求与价格

（一）小麦市场供给和需求情况

1. 小麦产量增加

2017 年，我国小麦生长收获期间主产区天气良好，小麦单产提升，产量小幅增加。据国家统计局数据，2017 年全国小麦产量 13433.4 万吨，较上年增加 106.3 万吨，增幅 0.8%。其中，冬小麦产量 12796.9 万吨，较上年增加 133.2 万吨，增幅 1.1%；春小麦产量 636.5 万吨，较上年减少 26.8 万吨，减幅 4.0%。

2. 小麦消费量下降

由于 2017 年新季小麦上市前面粉企业小麦库存量偏少，同时新季小麦质量较好、上市较早，新季小麦用于面粉生产领域的数量较多，加工使用的时间也较往年提前。加之 2017 年 11 月国家食药监总局发布公告显示，取得"小麦粉（通用）"生产许可的企业，不得在小麦粉中添加任何食品辅料，预计全国小麦食用消费量小幅增加。由于全国小麦平均价格大幅高于玉米价格，预计 2017/2018 年度仍将保持较大价差，小麦工业消费和饲用消费均较上年度下降。国家粮油信息中心预计，2017/2018 年度国内小麦消费总量 11220 万吨，较上年度减少 50 万吨，减幅 0.45%。其中食用消费 9300 万吨，较上年度增加 50 万吨，增幅 0.5%；饲料消费 750 万吨，较上年度减少 50 万吨，减幅 6.3%；工业消费 700 万吨，较上年度减少 50 万吨，减幅 6.7%。

3. 小麦进口量增加

我国主要进口优质小麦，用于专用粉生产。由于 2017 年我国优质小麦价格较高，而国际小麦价格低位徘徊，国内外小麦价差扩大，同时国内面粉市场竞争加剧，不少企业调整发展策略，朝专用粉、高档粉方向迈进，对进口小麦的需求增长，因此小麦进口量同比增加。海关数据显示，2017 年我国共进口小麦 429.67 万吨，比 2016 年增加 92.25 万吨，增幅 27.3%。另外，2016 年我国小麦出口 1 万吨，比上年减少 0.05 万吨，减幅 4.8%。

（二）小麦市场价格走势及成因

1. 新麦上市前，小麦价格持续高位运行

2017 年上半年新季小麦上市前，市场优质粮源供应偏紧，小麦价格呈现高位平稳运行态势，华北地区普通小麦平均价格为 2620~2640 元/吨。优质粮源供应偏紧主要是因为 2016 年新麦收割期间，江苏、安徽、河南等地受降雨影响，小麦质量明显偏差，一部分新季小麦达不到制粉要求，只能用于饲料和酒精生产。市场优质粮源供应紧张，企业只能通过购买储备轮换粮和参与政策性小麦拍卖补充库存，小麦价格持续处于高位。

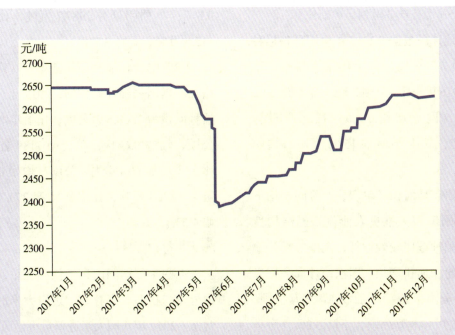

图 2-1　2017 年华北地区小麦平均进厂价

注：小麦为普通小麦。

2. 新麦上市，开秤价格高于上年

6月新季小麦开始集中上市，2017年新季小麦收割期间主产区天气良好使得新麦质量较好，各地面粉企业为降低制粉成本积极采购新季小麦，同时贸易商参考2016年后期小麦价格上涨的情况，囤粮心态较重使得新季小麦开秤后，市场价格高于2016年同期但仍低于托市收购价格。5月底至6月，国家陆续在安徽、河南、江苏、湖北、河北和山东6省启动最低收购价小麦收购预案，对小麦价格起到支撑作用。华北地区普通小麦平均价格由上市初期的2300元/吨上涨至9月下旬的2508元/吨。

3. 市场粮源偏紧，小麦价格持续上涨

托市收购结束之后，由于市场流通小麦数量减少，加之小麦市场价格尚未与政策性小麦到厂成本持平，贸易商看涨预期较强，农民持粮待涨心理推动小麦价格上涨。华北地区普通小麦平均价格由9月下旬的2508元/吨上涨至12月下旬的2622元/吨。

三 稻米市场供求与价格

（一）稻谷市场供给和需求

1. 2017年我国稻谷产量再创历史新纪录

据国家统计局数据，2017年全国稻谷播种面积为3074.7万公顷，与上年基本持平；稻谷单产为6916.9公斤/公顷，较上年增加51.2公斤/公顷，同比增幅0.7%；稻谷产量为21267.6万吨，较上年增加158.2万吨，增幅0.7%。

（1）早稻播种面积、单产、产量同比均下降。2017年国家积极推进农业供给侧结构性改革，且早稻种植比较效益低，湖南等部分地区水田休耕轮作面积增加。国家统计局数据显示，2017年全国早稻播种面积514.2万公顷，比2016年减少16.8万公顷，下降3.2%。而早稻生长期间农业气象条件差、局部地区受灾较重，造成产量下降。2017年早稻单产为5810.8公斤/公顷，比上年减少34公斤/公顷，下降0.6%；早稻产量为2987.7万吨，比上年减产115.5万吨，下降3.7%。

（2）中晚稻播种面积、单产、产量同比均增加。据国家统计局数据，2017年全国中晚稻播种面积为2560.6万公顷，比上年增加16.9万公顷，增幅0.66%；单产为7139公斤/公顷，比上年增加60.1公斤/公顷，增幅0.85%；产量为18280万吨，比上年增产273.7万吨，增幅1.5%。

2. 大米进口量达历史最高

近些年虽然国内稻米供应充裕，但由于国内外进口价差长期存在，进口大米的流入成为常态。2017年我国大米进口量再创历史新纪录。海关数据显示，2017年我国大米进口量为399万吨，同比增加45.8万吨，增幅12.97%。2017

图 2-2　1991~2017 年中国稻谷产量

年由于巴基斯坦大米价格竞争优势减弱，我国从越南、泰国进口大米量增加，使进口来源更趋集中。具体来看，我国从越南进口大米 226 万吨，占进口总量的 56.72%；从泰国进口大米 112 万吨，占 22.98%。自越南、泰国的大米进口量占比创 2012 年我国大量进口大米以来的最高。而自巴基斯坦的大米进口量从 2016 年的 70 万吨降至 2017 年的 27 万吨，占进口总量的比例由 19.91% 降至 6.83%。自 2012 年大规模进口大米以来，近 5 年我国大米进口量年均增

幅为 11% 左右。

3. 稻米国内消费需求增长缓慢

稻谷是我国最主要的口粮，在稻谷的总消费中食用消费占比在 80% 以上。近年来，随着居民消费不断升级，人均口粮消费呈下降趋势，食用消费总量也呈稳中略降的态势。近两年随着国家开始对超过存储期的稻谷进行处理，低价的超期稻谷刺激了饲料及工业领域对稻谷消费的需求，带动了稻谷非食用消费量的增长。综合来看，2017 年度我国稻谷总消费量

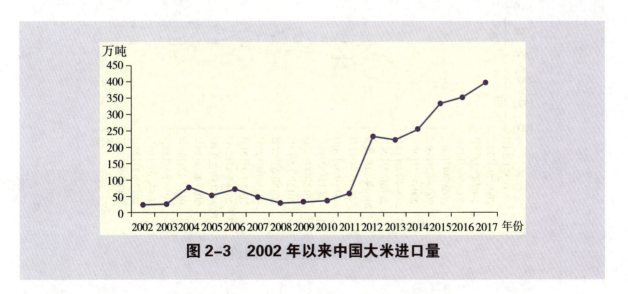

图 2-3　2002 年以来中国大米进口量

为 18511 万吨，较上年度增加 211 万吨，增幅 1.2%。其中食用消费 15700 万吨，较上年度略减 50 万吨，减幅 0.3%；饲料消费 1380 万吨，较上年度增加 160 万吨，增幅 13%；工业消费 1300 万吨，较上年增加 100 万吨，增幅 8.3%。

4. 大米出口量大幅增加

在国家大力推进"去库存"的大环境下，稻谷的出口量亦有所提高。据中国海关数据，2017 年我国大米出口量为 88 万吨，折成稻谷为 125 万吨，比上年增加 56 万吨，增幅 81.16%。

（二）稻米市场价格走势及成因

稻谷消费以口粮消费为主，饲料和工业消费占比不高，近两年消费也比较平稳。2017 年，供应充裕、需求稳定的基本面决定了稻米市场价格总体平稳的总基调，稻米市场价格则更多受稻谷最低收购价的影响。2017 年初，国家下调稻谷 3 大品种的最低收购价，早籼稻、中晚籼稻、粳稻的最低收购价分别调至 2600 元 / 吨、

2720 元 / 吨、3000 元 / 吨，致使 2017 年新季稻谷市场价格总体水平也随之下降。

1. 早籼稻价格总体有所下降

2017 年初，早籼稻市场价格在政策执行期内基本维持在 2660 元 / 吨，但受当年早籼稻最低收购价下调影响，整体低于上年；之后，随着 2017 年各地储备轮换工作的开始，早籼稻市场价格开始下滑；至 7 月新季早稻上市前，部分主产省的市场价格已经低于 2600 元 / 吨，江西和湖南两省随即启动了最低收购价执行预案，执行政策性收购收储企业的挂牌收购价随之迅速拉升至 2600 元 / 吨，其他收购主体的价格也应声上涨，但均未超过 2600 元 / 吨。收购期结束后由于缺少政策支撑，市场价格有所下滑。

2. 中晚籼稻价格走势相对平稳

2017 年中晚籼稻市场价格走势较早籼稻平稳。2016 年中晚籼稻政策性收购期结束后，受 2016 年中晚籼稻减产以及政策性收购数量较大的支撑，2017 年第一季度中晚籼稻价格持续稳

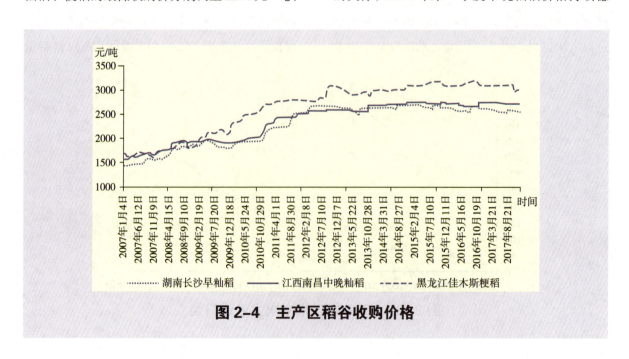

图 2-4　主产区稻谷收购价格

定在 2760 元 / 吨的水平；4~5 月随着储备轮换以及国家政策性粮食开始拍卖，中晚籼稻市场供应量增加，价格开始回落；9 月底新季中晚籼稻上市之前，部分主产省市场价格已低于 2700 元 / 吨，9 月底安徽、湖北、四川、河南分别启动了最低收购价执行预案，市场价格逐步回升；截至 2017 年底，在最低收购价政策的支撑下，中晚稻市场价格保持稳定。

3. 粳稻南北产区价格变动与政策调整幅度一致

与中晚籼稻类似，由于 2017 年上半年政策性收购数量较多，粳稻价格较为坚挺，基本维持在 3100 元 / 吨（2016 年粳稻最低收购价）。2017 年 9~10 月后由于新粮市场供应量增加，且新粮增产预期较强，粳稻价格有所下滑；11 月开始黑龙江、吉林等省相继启动最低收购价执行预案，市场价格随之上扬，但截至 2017 年底均未突破 3000 元 / 吨。

4. 大米市场价格波动总体不大

作为稻谷加工最重要的产品，大米市场价格变化趋势与稻谷非常类似，但变化幅度小于稻谷。2017 年，我国大米价格走势依然延续了上述特点，与稻谷类似，但变化幅度相对较小。在市场购销方面，受国内稻谷供应充足、大米需求相对稳定、进口大米大量流入的影响，国内大米市场的活跃程度有所降低，季节性特征逐渐消失，大米加工企业普遍处于微利状态，部分加工企业由于对稻米市场前景较为悲观，甚至退出加工经营而从事政策性稻谷的代储，以获取相对稳定的利润。

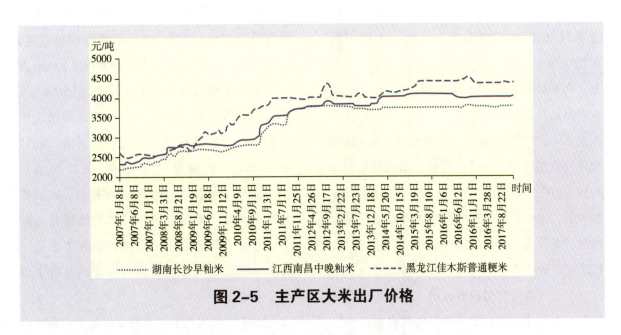

图 2-5　主产区大米出厂价格

四 玉米市场供求与价格

（一）玉米供给和需求状况

2017年，在国家玉米种植结构调整政策引导下，国内玉米播种面积连续两年调减，产量也继续下降。在原料成本处于近10年低点的激励下，深加工产能继续大规模扩张，行业开工率维持高位，对原料玉米需求继续大幅增长。与此同时，玉米饲料需求仍然保持快速增长。2017年国内玉米结余量近7年首次转负，供需结构偏紧。

1. 2017年玉米产量继续下降

2015年11月2日，农业部出台《关于"镰刀弯"地区玉米结构调整的指导意见》，指出力争到2020年，"镰刀弯"地区玉米种植面积稳定在1亿亩，比2015年减少5000万亩以上。在各级地方政府的大力宣传和引导以及轮作补贴制度的积极促进下，2017年玉米种植面积在2016年下降的基础上继续大幅减少。国家统计局数据显示，2017年我国玉米播种面积为4239.9万公顷，比上年下降177.9万公顷，降幅4%。2016年玉米播种面积下调以来，农民改种目标主要是大豆、薯类杂粮、青贮玉米、优质饲草和经济作物等。

中央气象台监测数据显示，2017年华北及东北主要玉米产区，除6月份内蒙古东部和辽宁西部部分地区受干旱影响，播种偏晚外，其他主产区天气良好。特别是在9月玉米灌浆成熟时期，光温水条件非常适宜，玉米整体长势良好，全国华北和东北地区玉米一、二类苗比

例均保持在90%以上。国家统计局数据显示，2017年全国玉米单产为6110.3公斤/公顷，比上年增加143.2公斤/公顷，增幅2.4%。但受播种面积下降影响，全国玉米产量继续减少。2017年全国玉米产量为25907.1万吨，比上年减少454.2万吨，降幅1.7%。

2017年国际玉米价格整体低迷，国内玉米价格也处于近10年来的低位，进口玉米利润缩减，进口数量下降。2017年我国累计进口玉米283万吨，同比下降34万吨，降幅10.73%。

2. 国内玉米需求大幅增长

国家粮油信息中心预计，2017年国内玉米消费量为22606万吨，比上年增长2438万吨，增幅12.09%。2017年玉米饲料消费为13400万吨，比上年增加1600万吨，增幅13.56%。玉米饲料消费的增长点主要来自国内养殖需求增长、进口杂粮及饲用小麦量的下降。2017年玉米工业消费为7200万吨，比上年增加800万吨，增幅12.5%。国内淀粉行业产能继续快速扩张，酒精和燃料乙醇产能也呈不断增长趋势，加之淀粉及酒精行业开工率处于高位，深加工玉米消费量在上年的基础上继续大幅增长。

2016年我国取消了实行8年的玉米临时收储政策，2016年10月新季玉米进入市场后价格一度创下近10年来的低点，这也给玉米出口创造了机会，2017年我国玉米出口8.52万吨，较上年增加8.17万吨。

图2-6　2017年国内玉米主产区进厂价格月度走势图

（二）玉米市场价格走势及成因

2017年，国内玉米价格整体呈现上涨态势。

1. 1~2月国内玉米价格普遍下跌

2016年是我国取消玉米临时收储政策的第一年，2016年产玉米上市以来，由于临储收购的退出，市场供应压力较大，前期新季玉米价格整体下跌。2017年1~2月北方主产区玉米价格总体延续新季玉米上市后的下跌态势。

具体来看，1月北方主产区在农户积极售粮、玉米上市量增加的情况下，玉米价格持续下行。但春节（2017年1月28日为正月初一）后，东北华北产区价格略有分化。受东北玉米深加工补贴政策影响，东北玉米深加工企业在春节期间普遍不停机，节后有补库需求，加之节后大中型饲料企业享受补贴政策的消息得到确认，饲料企业也加大备货。此外，北方港口装船需求旺盛，中储粮等央企节后继续组织收购，均使得2月东北玉米市场购销活跃，2月中旬后价格开始回升。华北地区春节后在东北玉米的冲击及本地余粮较多的影响下，玉米价

格持续下跌。直至2月底在农户惜售及"环保"问题影响玉米上量的双重影响下，玉米价格开始止跌反弹。但整体而言，2月玉米价格仍较1月下降。

2017年2月，我国玉米产区平均价格1489元/吨，比1月下降26元/吨，降幅1.72%；同比下降434元/吨，降幅22.57%。

2. 3~7月国内玉米价格持续上涨

从东北地区看，3~4月玉米价格上涨主要受补贴政策影响，5~7月价格上涨主要在于拍卖粮出库不够及时。由于东北地区玉米加工补贴政策要求企业在2017年4月30日之前收购玉米入库，并于6月30日前加工使用，深加工和饲料企业在4月30日之前补库意愿较强。与此同时，贸易商也加入抢粮大军，在一定程度上提振了东北地区玉米价格。进入5月后，东北2016年产玉米基本见底，处于有价无市状态。与此同时，临储玉米拍卖于5月5日启动，东北玉米市场贸易也转向2013年产拍卖粮。但由于拍卖粮集中出库，导致东北地区物流趋紧，

运费大幅上涨，拍卖粮到货成本偏高。直至7月中旬以后，物流及到货情况才有所好转。

华北地区来看，3月玉米价格上涨主要受"环保"问题影响，4月则是受企业和贸易商补库提振，5~7月与东北地区类似，是受拍卖粮到货不及时影响。2017年"两会"期间，华北地区环保督查力度较大，贸易商反映基层粮点由于扬尘问题，严格限制收粮设备的使用，玉米上市量收紧。这导致用粮企业玉米库存普遍下降，为吸引到货，企业普遍提价收购。尽管"两会"结束后，玉米上市量有所增加，但用粮企业有较强补库意愿，贸易商囤粮意愿也提高，支撑华北玉米价格继续上涨。5月后华北贸易商为麦收腾库，玉米供应有所增长，但企业补库意愿仍然强烈、华北余粮减少，继续支持玉米价格。进入6月后华北贸易商转向小麦购销，加之临储拍卖粮到货不及时或到货成本偏高，支持华北玉米价格持续上涨。

2017年7月，我国玉米产区平均价格1708元/吨，比2月上涨219元/吨，涨幅14.71%；同比下降217元/吨，降幅11.27%。

3.8~9月国内玉米价格高位震荡

8~9月国内玉米价格高位震荡，主要是受临储玉米拍卖到货成本变化及部分地区新季玉米上市影响。截至7月中旬，国内临储玉米拍卖成交总量已达3500万吨，出库量在1600万吨左右。随着拍卖粮出库量不断增长，有效供应了市场，以及临储玉米成交溢价逐渐降低，7月中旬开始，国内玉米价格高位回落。华北地区地方储备轮换出库，本地贸易商惜售心理减弱，8月中下旬华北及两湖春玉米上市增加市场供应，也加剧了华北地区玉米价格跌势。但

9月国内玉米价格有所反弹，主要是因为这个时期拍卖粮到货以2014年产玉米为主，其拍卖底价比2013年产玉米高60元/吨左右，导致国内玉米价格底部有所抬升。9月中下旬华北地区受新季夏玉米开始收获上市影响，玉米价格开始下降。但整体而言国内9月玉米价格仍较8月有所上涨。

2017年9月，我国玉米产区平均价格1698元/吨，比7月下降10元/吨，降幅0.59%；同比下降98元/吨，降幅5.46%。

4.10~11月国内玉米价格季节性回落

10月，北方玉米主产区大范围收获，供应压力持续增加，东北地区玉米收购价格高开低走，下降趋势明显。尽管华北地区一度出现阴雨天气影响物流运输和玉米晾晒，但玉米价格下行趋势不变。10~11月国内玉米价格整体呈现季节性回落特点。

2017年11月，我国玉米产区平均价格1640元/吨，比9月下降58元/吨，降幅3.4%；同比下降56元/吨，降幅3.3%。

5.12月国内玉米价格回升

由于2017年全国玉米产不足需已是市场共识，国内贸易商对后期看涨预期强烈，囤粮挺价心态较强。加之2017年东北地区玉米品质较好，国内大型饲料企业纷纷在东北收粮存粮，导致东北地区新季玉米销售进度迅速加快。本地深加工企业发现农户存粮快速下滑，也不断加大备货力度，11月下旬至12月东北地区玉米价格稳步回升。华北地区由于新季玉米水分偏高，且质量不如上年，不适宜大量建库存，华北用粮企业一度采取随采随用的收购策略，但12月下旬开始，华北企业为春节备货，适当增

加库存，加之南方饲料企业也开始在华北布局收购玉米，12月华北玉米价格整体也呈现上涨趋势。

2017年12月，我国玉米产区平均价格1671元/吨，比11月上涨31元/吨，涨幅1.89%；同比上涨31元/吨，涨幅1.89%。

五　杂粮市场供求与价格

2017年全球经济整体复苏，表现较好，市场分化逐渐显现，欧美日等发达经济体经济增长较为稳定，而新兴经济体则面临着一定的下行压力，大宗商品价格涨跌频繁，幅度较大，我国的农产品价格表现同样如此，作为农产品中重要一环的杂粮作物，全年价格波动明显。

（一）供给情况

1. 种植面积及产量

全国杂粮播种面积为1928.9万公顷，较上年减少64.9万公顷，下降3.48%。2017年全国豆类播种面积1005.1万公顷，比上年增加76.4万公顷，增长8.2%。其中，大豆播种面积723.6万公顷，比上年增加64万公顷，增长9.7%；其他杂豆播种面积增加7.1万公顷，增长2.9%；薯类播种面积717.3万公顷，比上年略减6.8万公顷。

全国杂粮产量5335万吨，较上年减少250万吨，减少4.9%。

统计数据显示：2017年花生种植面积增长很快，尤其是新的花生种植区不断涌现，全国花生种植面积比2016年增加3.6%，总产量达到1709.2万吨，较上年增加4.5%；2017年绿豆市场整体起伏不定，供需格局受气候变化等因素影响波动频繁，进口绿豆增长，贸易商主体心态趋于谨慎，诸多原因导致绿豆市场销售受阻。绿豆种植面积较2016年略有增加，2017年主要产区的绿豆种植面积扩大，产量增加1~2成。红小豆种植比较分散，多数种植者呈现盲目性，2017年国内总消费量保持在30万吨左右。

2. 进口情况

根据海关总署公布的数据，2017年中国粮食累计进口13062万吨，较2016年增加13.9%。大豆累计进口9553万吨，同比增长13.9%。高粱进口量为505.68万吨，同比下降23.9%；进口额10.26亿美元，同比下降28.1%。燕麦进口量为39.43万吨，同比增长106%；进口额9460.9万美元，同比增长47.2%。

（二）需求情况

2017年，国内绿豆处于供大于求状态，绿豆主产区遭遇降雨及干旱双重影响，受灾减产比较严重。我国80%以上的绿豆进口来自缅甸和澳大利亚，因缅甸边贸零关税，成本偏低，国内贸易商进口量递增，低廉的进口价格对国内市场冲击较大。

国内花生消费最近几年也相对稳定，主要集中在压榨、食品加工以及种用三大方面：压榨用花生占比44.27%，食用花生占比47.07%，种用量5.66%。国内花生市场的消费量将呈现小幅增长的趋势，预计2018年花生的消费不会有很大变化，消费增长缓慢。进口花生价格具有一定竞争力，随着近几年国内进口花生量的增加，进一步挤占国产花生的市场份额。

高粱是我国白酒酿造中使用广泛的原料，呈现出供不应求的局面，进口需求将继续增加。

（三）杂粮市场形势

我国黑豆主要出口韩国以及东南亚地区，国内需求量一般；红小豆以原粮或半成品的形式大量用于食品工业，随着种植结构调整，红小豆生产得到了进一步发展；谷子和绿豆的营养价值高，得到消费者普遍认可，逐步成为一种国际性的杂粮作物。

2016年政府对农业作物种植结构进行了调整，镰刀弯地区玉米调减，增加了杂粮杂豆的种植面积，2017年中央一号文件再次提出要统筹调整种植结构，按照稳粮、优经、扩饲的要求，加快构建粮、经、饲协调发展的三元种植结构。伴随调减非优势区籽粒玉米，继续增加杂粮杂豆、优质食用大豆、薯类种植，为杂粮行业发展提供了国家政策性的指引方向。

近年来，全球杂粮产量总体上呈现上升趋势。2012~2016年全球杂粮产量的年均复合增长率为4.5%，2017年全球杂粮产量为131183万吨；杂粮消费量总体上也呈现增长趋势，增加至134993万吨；美国和中国已成为主要的杂粮生产国和消费国。我国粮食供求长期处于紧平衡状态，大力发展杂粮生产可以弥补主食供应不足问题，对缓解粮食供求矛盾、稳定粮价具有调剂作用。

六 食用油市场供求与价格

2017年我国食用植物油消费需求持续增加，尽管国产油籽油料总产量小幅增加，但进口依然是保障国内供应的重要渠道。全年进口食用油籽超过1亿吨，同比增长13.9%；进口食用植物油743万吨，同比增长7.9%。国家有关部门继续向市场抛售临储菜油，增加市场供应，全年油脂供应超过需求，年末主要品种油脂库存均有结余。

（一）油料和油籽总产量继续下降

2017年我国油料（不包含棉籽和大豆）总产量3475.2万吨，比上年增长2.2%。其中，油菜籽总产量为1327.4万吨，比上年增加1.1%；花生总产量1709.2万吨，比上年增长4.5%。

2017年由于种植大豆的比较收益好于玉米，且国家又加大大豆种植者补贴力度，扩大大豆与玉米轮作试点范围，大豆播种面积有所增加。

2017年我国大豆播种面积达到723.6万公顷，同比增长9.7%；大豆总产量达到1331.6万吨，同比增长14.6%。2017年我国棉花播种面积连续第六年下滑，但减幅缩小，加上单产达到创纪录的1.7吨/公顷，棉花总产量达到548.6万吨，同比增长3.5%。国家粮油信息中心估计当年棉籽总产量为987万吨，比上年增长3.5%，为2013年以来首次止降转增。

2017年我国油籽总产量（油料加上大豆和棉籽）为6174万吨，比上年增加297万吨，增幅5.1%。扣除油籽种子、食用和出口，2017年国产油籽折油总量在1240万吨左右（包括玉米油、米糠油等其他非油籽作物产油）。

（二）食用植物油进口量和进口油籽折油量均大幅增加

2017年我国进口食用植物油及进口油籽折油总量在2753万吨左右，比上年增加323万吨。进口油籽折油数量大幅增加，进口食用植物油数量也止降转增。

2017年我国进口食用植物油（包含棕榈油硬脂）742.8万吨，比上年增长7.9%。其中，进口棕榈油507.9万吨，同比增加60.1万吨，增幅13.4%；进口豆油65.3万吨，同比增加9.3万吨，增幅16.6%；进口菜籽油75.7万吨，同比增加5.7万吨，增幅8.1%；进口葵花油和红花油74.5万吨，同比减少21.2万吨，减幅22.2%。

2017年我国进口食用油籽（含大豆和棉籽）10197.4万吨，比上年增长13.9%。进口食用油籽折油量在2010万吨左右，同比增长14.9%。其中，进口大豆9552.6万吨，同比增加1161.3

万吨，增幅13.8%；进口油菜籽474.8万吨，同比增加118.2万吨，增幅33.1%；进口其他食用油籽170万吨，同比减少35万吨，减幅17.1%，主要是芝麻进口量减少。

（三）油脂油料消费需求持续增加

2017年我国油脂食用消费量3365万吨，同比增加240万吨，增幅7.7%。其中，豆油消费量为1530万吨，同比增加170万吨，增幅12.5%。菜籽油食用消费量840万吨，同比增加60万吨，增幅7.7%，增幅低于上年的23.8%，主要因豆油与菜籽油价差扩大，抑制菜籽油消费需求。棕榈油食用消费量为320万吨，同比减少20万吨，降幅5.9%，为连续第二年下滑。东南亚主产国棕榈油产量恢复缓慢，且进口成本居高不下，豆油与棕榈油价差一直处于偏低水平，豆油持续替代棕榈油，抑制棕榈油消费需求。棉籽油食用消费量110万吨，同比减少10万吨，减幅8.3%。

由于蛋白消费需求强劲，2017年我国大豆进口量大幅增加，豆油产量也相应增加，加上临储菜籽油持续投放市场，市场总体供应充足。我国人均植物油食用消费量已经达到24.2公斤/年，远超全球人均水平的19.7公斤/年。随着我国经济持续快速增长、城镇化水平的提高以及人口规模的增加，植物油的食用消费需求还有增长空间。

（四）国内油脂油料价格走势及成因

2017年国内油脂油料价格整体呈现下跌寻底的态势。无论是临储菜籽油持续投放市场，还是因大豆压榨量维持高位而生产更多的豆油，油脂库存全年都处于较高水平，压制价格反弹。全年价格走势可分为三个阶段：

第一阶段（1月初到5月底）：2016年10月开始的新一轮临储菜籽油拍卖持续到2017年3月，但实际出库则持续到5月底，市场供应量持续增加。需求端由于菜油与豆油的价差扩大到300~400元/吨，远高于上年同期的100~200元/吨，菜籽油消费需求受到抑制，导致菜籽油商业库存持续增加。同期，由于国内豆粕需求旺盛，不断高企的大豆压榨量使得豆油库存在一季度不降反增，油脂整体库存压力巨大。加上东南亚棕榈油产量恢复良好，油脂价格大幅走低。5月底华东地区一级豆油报价5600~5700元/吨，较年初累计下跌约1700元/吨；长江流域四级菜籽油价格在6100~6200元/吨，较年初下跌约1500元/吨；华南地区24度棕榈油价格在5750~5800元吨，较年初下跌约1000元/吨。

第二阶段（6月初到9月中旬）：临储菜籽油拍卖暂停后，随着时间的推移，菜籽油库存逐渐下滑；尽管豆油库存还处于高位，但在美国大豆生长期，市场担心干旱可能导致美国大豆减产，进口大豆成本将提高，提振油脂价格。9月中旬华东地区一级豆油价格为6450~6500元/吨，长江流域四级菜油价格为6900~6950元/吨，均较5月底上涨700~800元/吨。棕榈油因产量恢复，产区库存快速增加，价格上涨幅度有限。9月中旬华南地区24度棕榈油价格为5900~6000元/吨，较5月底上涨200~250元/吨。

第三阶段（9月下旬到12月底）：美国大豆关键生长期降雨增加，单产高于预期，最终产量超过上年水平，全球大豆供应得到保障。大豆进口成本下滑，且到港持续增加，豆油库存一直居高不下，加上主产国棕榈油库存不断增加也给市场带来压力，油脂价格再度走低。监测显示，12月底华东地区一级豆油价格为5600~5700元/吨，华南地区24度棕榈油价格为5150~5200元/吨，均较9月中旬下跌800~900元/吨。长江流域四级菜籽油报价6400~6450元/吨，较9月中旬下跌500~550元/吨。

（五）油脂油料市场主要调控政策

2017年菜油去库存政策继续执行，国家粮油交易中心自1月4日至3月8日累计向市场投放了88.9万吨临储菜籽油，11月通过定向销售的方式轮换出一次性储备菜籽油约100万吨，极大增加了市场供应，截至2017年底临储菜籽油去库存工作基本完成。2018年上半年政策性菜籽油还将陆续出库，有力补充油脂供应缺口。

2017年国家继续调整农业种植结构，加大休耕轮作试点面积，改革大豆目标价格补贴为生产者补贴。2017年全国轮作休耕试点面积80万公顷，远高于上年的41.1万公顷。生产者补贴也向大豆品种倾斜，以黑龙江为例，大豆生产者补贴为173元/亩，高于上年的119元/亩，也高于玉米补贴的133元/亩。2017年我国大豆播种面积再度增加，总产量达到1455万吨，为2011年以来最高。

2017年9~10月国家粮油交易中心竞价销售临储大豆34.3万吨，实际成交21.6万吨，主要是2010年和2012年产大豆，成交价格分别为2800元/吨和3000元/吨，远低于市场价格。另有12.7万吨2013年产大豆，由于起拍价格高达3700元/吨，全部流拍。全年临储大豆拍卖量较少，对市场影响有限。

第三部分
粮食质量与安全

一 总体状况

2017 年国家粮食局组织全国 31 个省（区、市）和新疆生产建设兵团粮食部门，开展了稻谷、小麦、玉米、油菜籽、青稞等新收获粮食质量安全监测工作。各地共计采集和检验样品 16379 份，获得检验数据逾 19 万个。总体来看，新收获粮食质量安全合格率较高，但部分地区仍存在质量安全隐患。

2017 年国家粮食局组织开展了全国库存粮食质量安全监测工作，共采集检验样品 2396 份，获得检验数据约 5 万个，涉及 809 个库点，代表数量 569.63 万吨。监测结果显示，库存粮食质量安全状况总体良好，质量达标率 94.9%，储存品质宜存率 97.5%，对排查出个别企业存在的质量安全问题，督促相关企业及时按照国家有关要求进行整改。

二 主要粮食品种收获质量

2017 年继续在全国 19 个省份开展国家级新收获粮食质量调查工作，采集检测样品 8544 份（其中：小麦 2014 份、早籼稻 602 份、中晚籼稻 1872 份、粳稻 965 份、玉米 2629 份、大豆 257 份、油菜籽 205 份）。按照粮食的收获季节，完成油菜籽、小麦、早籼稻、中晚籼稻、粳稻、大豆、玉米主产区的质量集中会检工作，基本掌握了新收获粮食质量总体情况，及时反馈和发布粮食质量和品质信息，为完善粮食收购政策，做好粮食收购工作提供了重要依据。

2017 年，14 个省（区、市）粮食行政管理部门组织开展了品质测报工作，共采集样品 8500 余份，扦样范围累计覆盖 150 个市 700 多个县（区），获得检验数据 13.5 万个。各级粮食行政管理部门丰富品质信息发布形式和渠道，指导当地粮食种植结构的调整，社会效益显著提高。

（一）早籼稻

安徽、江西、湖北、湖南、广东、广西等 6 省（区）共采集检验早籼稻样品 602 份，样品覆盖 61 市 192 县，全部为农户样品。

全部样品检测结果为：出糙率平均值 78.5%，与上年持平，一等至五等的比例分别为 51.6%、33.6%、11.4%、2.1%、1.0%，等外品为 0.3%，中等以上（含）占 96.6%，出糙率整体情况与上年基本一致；整精米率平均值为 54.5%，较上年下降 2.3 个百分点，其中达到中等以上（含）要求（44%）的占89.5%，达到一等要求（50%）的占69.7%，较上年下降9.2个百分点。不完善粒含量平均值3.1%，为近年最好水平。

调查结果表明：2017年6省（区）早籼稻整体质量平稳。江西、湖南2省中等以上（含）比例为近年来最好水平；安徽一等比例较上年有所下降；广东中等以上（含）比例较上年有所下降。

（二）中晚籼稻

安徽、江西、河南、湖北、湖南、广东、广西、四川等8省（区）共采集样品1872份，样品覆盖8省（区）95市的381个县（区）。

会检结果表明：8省（区）中晚籼稻整体质量不如上年，出糙率平均值77.2%，较上年下降0.7个百分点；一等至五等的比例分别为16.7%、43.9%、27.4%、7.5%、3.0%，等外品为1.5%，一等品比例较上年下降11.7个百分点，中等以上的（出糙率在75%以上）占88.5%，较上年下降4.7个百分点。整精米率平均值57.3%，较上年下降1.0个百分点；其中不低于50%（一等）的比例为82.0%，较上年增加1.4个百分点；不低于44%（三等）的比例为89.3%，较上年下降1.2个百分点。谷外糙米含量平均值0.4%，超标（大于2.0%）比例0.8%，较上年下降1.0个百分点。

（三）粳稻

辽宁、吉林、黑龙江、江苏、安徽5省共采集检验样品965份，覆盖5省49市的135个县和黑龙江农垦总局的6个分局。

会检结果表明：5省粳稻整体质量好于上年，出糙率平均值80.3%，较上年增加0.4个百分点；一等至四等的比例分别为57.7%、29.1%、10.8%、2.4%、无五等及等外品。一等品比例较上年增加12.7个百分点，中等以上占97.6%，较上年增加10.3个百分点。整精米率平均值69.1%，较上年降低0.7个百分点；不低于55%（三等）的比例为98.6%，保持在上年水平。谷外糙米平均值为1.0%，超标比例11.6%，与上年持平。

（四）小麦

河北、山西、江苏、安徽、河南、山东、湖北、四川、陕西9个夏收小麦主产省共采集小麦样品2014份，样品覆盖9省94市411个主产县（区）。

从检验结果看，2017年新收获小麦质量良好，符合国家标准中等（三等）以上要求的比例为91.8%。

9省全部样品检验结果为：容重平均值777g/L，变幅607g/L~838g/L，一等至五等的比例分别为43.7%、31.5%、16.5%、5.6%、1.9%，等外品为0.8%，中等（三等）以上的占91.8%，较上年有所增加；不完善粒率平均值3.7%，较上年明显下降，变幅0.1%~19.0%，其中，符合国标要求（≤10%）的比例为95.1%，较上年明显增加；千粒重平均值41.2g，较上年有所下降，变幅25.4~55.6g，硬度指数平均值64.7，与上年相当，变幅32.8~82.1；降落数值（降落数值越小，表示发芽越严重；国家标准要求不低于300秒）平均值319，较上年增加8秒，变幅62~498s。

（五）玉米

河北、山西、内蒙古、辽宁、吉林、黑龙江、山东、河南、陕西9省（区），共采集检验样品2629份，样品覆盖9省（区）112个市（州、盟）429主产县（市、区、旗）和黑龙江农垦总局的7个分局。

9省（区）新收获玉米总体质量不如上年，一等品比例较上年有所降低，不完善粒含量平均值、生霉粒含量平均值较上年有所升高。河北、山西、内蒙古、辽宁、黑龙江5省（区）玉米容重均高于上年；河北、内蒙古、辽宁、吉林、山东5省（区）一等品比例均低于上年水平；山东、河南2省生霉粒含量较上年大幅增加。

9省（区）全部样品检测结果为：容重平均值734g/L，与上年相当；一等至五等比例为71.1%、21.9%、5.7%、1.0%、0.3%，无等外品，一等品较上年降低了5.1个百分点；不完善粒含量平均值为4.4%，较上年提高1.5个百分点，生霉粒平均值为3.0%，较上年提高1.0个百分点，合格率为71.4%，比上年降低了22.2个百分点。

（六）大豆

内蒙古、吉林、黑龙江3省（区）共采集大豆样品257份，涉及3省（区）17个市（州、盟）的59个主产县（市、区、旗）和黑龙江农垦总局的7个分局，均为村级混合样品。各地样品数量按产量权重分配，检测指标为国家标准规定的主要质量指标和部分内在品质指标。

总的来看，2017年3省（区）大豆整体质量较好。完整粒率、中等以上比例、粗蛋白质（干基）平均值和达标高蛋白大豆比例

（符合三等标准）均为近年最高；粗脂肪（干基）平均值、达标高油大豆比例（符合三等标准）较上年有所降低。质量方面，3省（区）大豆完整粒率平均值91.1%，为近年最高，变幅73.6%~98.0%；一等至五等的比例分别为16.0%、54.9%、21.8%、4.3%、1.9%，等外为1.1%，中等以上比例92.6%。损伤粒率平均值6.0%，略好于上年，变幅0.4%~27.7%，符合等内品要求的比例为80.9%，较上年提高20.4个百分点。

（七）油菜籽

江苏、安徽、江西、河南、湖北、湖南、四川等7个油菜籽主产省，在油菜籽收获后的第一时间采集样品205份，样品覆盖7省42市的84个主产县。从会检数据看，2017年全国新收获的油菜籽质量总体情况好于上年，含油量平均值与上年持平，中等（三等）以上比例由上年的46.1%增加到55.1%。不完善粒情况略好于上年，生霉粒和生芽粒超标比例与上年基本一致，但超标程度明显减轻。

7省全部样品检测结果为：含油量平均值38.7%，与前两年持平，变幅为32.7%~46.2%。一等至五等的比例分别为10.7%、16.1%、28.3%、33.2%、9.8%，等外为1.9%，中等以上的占55.1%，较上年增加了8.9%。未熟粒平均值0.8%，最大值为12.9%，全部符合标准要求（≤15.0%）；生芽粒平均值0.2%，最大值为2.1%，符合标准要求（≤2.0%）比例为99.5%；生霉粒平均值0.7%，最大值为6.1%，符合标准要求（≤2.0%）比例为93.7%；热损伤粒平均值0.1%，最大值为4.7%，符合标准

要求（≤2.0%）比例为98.5%；水分平均值7.6%，变幅为3.4%~17.3%。脂肪酸组成检测结果表明，全部样品中芥酸含量不超过3.0%（低芥酸油菜籽标准，下同）比例为28.8%，比上年下降了7.6%。

除安徽省和河南省有超过10%的样品生霉粒含量超标外，其他5省样品生霉粒含量超标不明显。

三 优质和专用粮食品种质量

（一）早籼稻

2017年，调查优质早籼稻品种达标率总体仍偏低。湖北省早籼稻调查优质早籼稻样品110份，仅有8份样品符合国家优质籼稻的标准；广东省早籼稻调查优质早籼稻样品316份，优质达标率为11.7%，较上年同期提高7.5个百分点。食味品质、胶稠度、直链淀粉含量、垩白粒率、垩白度均有所下降。

（二）中晚籼稻

福建、湖北、贵州3省调查优质（优良）中晚籼稻品种，全项目符合国家优质籼稻标准的比例为：福建省全项符合比例为7.8%，其中达到优质稻谷二等标准为2.9%，三等为4.9%；湖北由于优质稻粒型较长、病虫害抗性略差，不完善粒偏高，从而影响优质稻达标率，达到优质稻谷二等标准为2.2%，三等为11.6%；贵州符合国家优质籼稻品与上年相比，品种类型有所变化，类型数量也有所增加。

（三）粳稻

辽宁、吉林、黑龙江省优质粳稻品种，全项目符合国家优质粳稻标准的比例为：辽宁达标比例为56.0%，比2016年提高10个百分点。其中，出糙率、整精米率、直链淀粉、不完善粒达标率低于2016年，食味品质、胶稠度达标率与上年持平，垩白粒率达标率高于上年；吉林达标比例为90.1%，出糙率、整精米率低于2016年，直链淀粉率高于2016年，食味品质与2016年持平；黑龙江大部分指标达到了国家优质粳稻标准。

（四）小麦

各省调查的优质（优良）小麦品种情况：山西省优质专用品种少，由于小麦主产区在收获前期遭受连续降雨和冰雹，导致一定程度的麦株倒伏、麦粒生芽等现象，其总体质量较上年下降一个等级。湖北省襄阳、随州传统小麦产区，较适宜种植强筋类型小麦，湖北省中东部地区种植小麦强筋性状有所弱化，适宜种植中筋、弱筋小麦品种。陕西关中中部小麦容重和降落数值较高，筋力适中，粗蛋白含量，湿面筋含量和面筋指数较低；关中东部小麦容重较高，筋力适中，降落数值和沉淀值低；关中西部小麦降落数值、沉淀值、粗蛋白含量和湿面筋含量较高。新疆小麦粗蛋白、湿面筋、降落数值、面筋指数、沉淀值略好于上年，面团流变学特性指标比上年有所下降。

（五）玉米

河北、山西、内蒙古、辽宁、吉林、黑龙江、山东、河南、陕西9省（区）淀粉含量平均值71.8%，与上年相同，变幅69.7%~74.5%，符合淀粉发酵工业用玉米国家标准（GB/T 8613—1999）中等（不低于72%）以上要求的比例为40.9%，较上年降低1.0个百分点；粗蛋白质含量平均值9.4%，较上年降低0.4个百分点，变幅7.1%~11.6%；粗脂肪含量平均值3.9%，与上年基本一致，变幅2.4%~5.7%。

（六）大豆

内蒙古、吉林、黑龙江3省（区）大豆粗脂肪含量平均值20.1%，变幅为19.0%~23.4%，达标高油大豆比例为50.6%，较上年降低27个百分点；粗蛋白质含量平均值40.1%，较上年增加1.6个百分点，变幅为35.4%~43.1%，达标高蛋白大豆比例为58.0%，较上年增加39.6个百分点。

据了解，2017年高蛋白大豆比例大幅上升，可能与油脂加工企业收购大豆以蛋白质含量定价有关。因市场导向，农民倾向选用蛋白质含量高的大豆品种种植。

专栏　"优质粮食工程"

为深入贯彻习近平总书记"要把增加绿色优质农产品供给放在突出位置，狠抓农产品标准化生产、品牌创建、质量安全监管，推动优胜劣汰、质量兴农"的重要指示精神，认真落实 2017 年中央一号文件关于深入推进农业供给侧结构性改革的一系列要求，财政部和国家粮食局决定从 2017 年开始在粮食流通领域实施"优质粮食工程"，并在当年先安排中央财政资金 50 亿元予以支持，通过中央财政引导性资金投入，有效激活市场，充分调动各类社会主体积极性，放大中央财政资金效益，更好地发挥粮食流通对生产和消费的引导作用，促进粮食种植结构调整，提升粮食品质、满足消费者需求，促进农民增收、企业增效，在更高水平上保障国家粮食安全。

（一）实施"优质粮食工程"主要目标

一是，完善"优质优价"的市场化粮食流通机制，引导粮食种植结构调整；二是，健全第三方粮食质量安全检验评价体系，提高粮食质量安全保障水平；三是，建设社会化粮食产后服务体系，促进粮食提质升级和农民增收；四是，以实施"优质粮食工程"建设为契机，推动形成新的粮食流通体系。力争到 2020 年把全国产粮大县的粮食优质品率提高 30% 左右。

（二）"优质粮食工程"主要内容

"优质粮食工程"主要包括三方面内容。一

是，建立专业化社会化的粮食产后服务体系。主要是针对市场化收购条件下农民收粮、储粮、卖粮、清理烘干等一系列难题，通过建立粮食产后服务体系，为种粮农民提供"代清理、代干燥、代储存、代加工、代销售"的"五代"服务，为主产区农户配置或自建科学储粮新装具、新粮仓等，既为农民排忧解难，减少粮食损失浪费，增加农民收入，又为"优质优价"的粮食流通体系奠定基础。二是，完善粮食质量安全检验监测体系。主要是为适应粮食收储制度改革的需要，通过建立国家、省、市、县四级联动的质量安全检验和质量风险监测体系，建设全国粮食质量安全管理电子信息平台，建立粮食品质测报和测评及动态监测体系等，提升对粮食流通全产业链和各环节粮食产品质量安全的监管和检测水平，切实维护流通环节粮食质量安全。同时，满足粮油产品分等评价需要，引导农民种植绿色优质、适应市场需求的粮食，为"优质优价"的粮食流通体系提供保障。三是，开展"中国好粮油"行动。主要是针对优质粮油品质供给不足问题，通过建立优质粮油产业经济发展评价体系、优质粮油质量标准和测评技术体系、"中国好粮油"信息平台和营销服务体系，开展粮食产后服务科技示范，加强"中国好粮油"宣传及销售渠道建设，实施"中国好粮油"示范工程等，"增品种、提品质、创品牌"，打造消费者认可的"中国好粮油"，提高优质粮油的市场占有率和覆盖面，促进"优质优价"粮食流通体系建设。

（三）"优质粮食工程"实施情况

"优质粮食工程"启动实施以来，财政部、国家粮食局共同组织了竞争性评审，确定了首批16个重点支持省份。先后印发了《财政部国家粮食局关于在流通领域实施"优质粮食工程"的通知》（财建〔2017〕290号）、《国家粮食局财政部关于印发"优质粮食工程"实施方案的通知》（国粮财〔2017〕180号）等文件，制定了一系列建设技术指南、服务要点、标准规范等。同时，通过督导调研、现场座谈、观摩培训、典型示范、项目调度、媒体宣传等多种方式，指导各地推进"优质粮食工程"实施。首批16个重点支持省份也制定了具体实施方案，细化落实措施，积极推进3个子项落地速度和实施进度。16个省份共拟建设省、市、县三级粮食检验机构1000个左右，支持90多个具有优质粮油生产潜力的产粮、产油大县开展示范县建设，引导带动农民优化种植结构，提高绿色优质粮油供给水平。

总体上看，"优质粮食工程"受到了地方和企业的高度重视和普遍欢迎，很多省份都把"优质粮食工程"作为加快推进农业供给侧结构性改革的重要抓手和大力发展粮食产业经济的有力载体。还有一些省份探索出了好的经验和做法，如：湖北加强资金整合，加大财政对"优质粮食工程"的支持力度；山东调动各级政府积极性，在中央3亿元补助资金基础上，带动省、市、县安排资金投入12亿元；安徽省政府按期督查督办"优质粮食工程"实施进展；湖南制定了"优质粮食工程"项目管理办法；

吉林制定了产后服务体系项目和质检体系项目建设管理办法等。"龙江好粮油中国行""中原粮食全国行"和荆楚粮油展交会等活动接连开展，反响良好；"山西小米""吉林大米""广西香米""宁夏大米"等区域品牌影响力和市场占有率持续提高。

（四）下一步工作安排

国家粮食局和财政部将继续深入贯彻落实习近平新时代中国特色社会主义思想和党的十九大精神，将"优质粮食工程"作为推进农业供给侧结构性改革和实施健康中国战略的有力抓手，紧紧围绕"为耕者谋利、为食者造福、为业者护航"，精准施策、多方推动，加快粮食产品供给绿色化、优质化、特色化、品牌化，确保好事办实、实事办好。

一是，突出标准规范。充分发挥标准在粮油产品质量升级中的引领作用，完善中国好粮油系列标准，建立优质粮油品质测评体系和抽检不达标产品退出制度；出台中国好粮油产品管理办法，加强标识管理。严格好粮油评定标准、规范程序，做到客观公正、名副其实、赢得良好口碑。认真落实建设方案和技术规范，从严把握验收标准，切实提高质量、增强实效。

二是，紧抓项目建设。指导各地坚持需求导向，聚焦短板弱项，认真搞好策划论证，统筹安排重点项目。做好项目前期工作，切实管好用好上级下拨奖补资金，保障自筹资金及时足额到位；既要避免"资金等项目"现象，也要防止"项目等资金"问题。在项目安排、资金分配等方面坚持一视同仁，充分调动各类主体的积极性，引导地方各级财政加大支持力度，放大中央预算内投资和各级财政资金的奖补引领效应。

三是，强化示范带动。围绕"五代"服务、质量检验监测、公共品牌打造、"中国好粮油"生产经营等重点，支持一批产粮产油大县和粮油加工企业。加快建设"中国好粮油网"，打造产品展示发布和线上销售服务平台，扩大"中国好粮油"社会美誉度和市场引领力。培树、总结、挖掘典型样板，通过多种形式推荐给各地，充分发挥典型引路和带动作用，不断放大"优质粮食工程"实施效应。

四是，加强督查督导。通过督导调研等方式，指导各地强化廉政风险防控，落实资金管理和项目实施监管的主体责任，健全项目实施全过程的监管体系，切实加强事中事后监管。加强对项目资金使用的监督管理，做到专款专用，保障资金安全并取得实效。同时，开展调度考核，建立台账、倒排工期，提高项目的落地和实施进度。

五是，开展 2018 年度竞争性评审。组织开展绩效评价，差别化提出 2017 年重点支持省份 2018 年度中央财政资金的安排规模。同时，对未纳入 2017 年支持范围的省份进行指导，完善有关方案，积极做好 2018 年"优质粮食工程"竞争性评审工作。

第四部分
粮食市场监管

一　粮食仓储管理

2017年，粮食库存高企与去库存相互叠加，仓储保管面临严峻复杂形势，国家粮食局以习近平总书记关于总体国家安全观的重要指示精神为指引，认真落实国家粮食安全战略，全面落实全国粮食系统安全工作视频会议精神，按照张务锋局长"突出抓好'安全储粮和安全生产两个重中之重'"的工作要求，坚持督导、检查、治理、培训多管齐下，狠抓粮食安全储存和行业安全生产工作，着力提升全员安全意识，相继部署了全国春秋两季粮油安全大检查、"简易仓囤出粮作业安全隐患专项治理行动"、安全储粮和安全生产隐患大排查、"两个安全"跨省交叉随机抽查和简易设施、租仓库点及外包作业专项治理，组织开展粮食行业"一规定两守则"在线督查测评，拍摄2017年安全生产警示片，多次下发通知要求做好储粮和作业重要时点"两个安全"工作并赴重点省份督查，各地粮食行政管理部门结合实际深入开展隐患排查治理，多措并举力保粮食安全。全国库情、粮情稳中向好，有效确保了"粮安、库安、人安"，接报事故和死亡人数同比分别下降46%和45%，因操作不当造成的事故明显下降。深入推进"放管服"改革，中央储备粮代储资格认定长效机制依法完善，工作程序方式进一步优化，行政审批工作效率及质量不断提高，申请人满意度明显提升。

（一）及时分析研判形势并预警隐患

年初，召集国家粮食局安全储粮与安全生产技术指导专家组有关专家，专题研究千吨囤等出粮作业安全问题，分析研判粮食行业面临的区域性风险隐患，及时对东北地区千吨囤、钢结构散装房式简易仓及罩棚等简易仓囤的出粮作业安全风险等区域性重大安全隐患作出预警，提出安全作业要点并印发全系统抓好落实，启动"简易仓囤出粮作业安全隐患专项治理行动"。年中，以明传电报的形式通报了粮食行业生产安全事故，提出了具体工作要求，督促各地坚持"全覆盖、零容忍、重实效"，认真开展安全储粮和安全生产隐患大排查。年底，印发《国家粮食局办公室关于进一步加强粮食行业"两个安全"工作的通知》（国粮办储〔2017〕287号），进一步通报相关生产安全事故，层层压实责任，传导压力，要求各地准确把握"两个安全"的主要矛盾和区域季节特点，强化底线思维、加强全员培训、加快转型升级，做到了全年保持"两个安全"高压态势，安全工作警钟长鸣。

（二）坚持问题导向，强化隐患治理

在全行业常态化组织开展春秋两季粮油安全大检查，各省粮食局、中央粮食企业高度重视，围绕大检查目标，对照大检查通知要求和"一规定两守则"，落实各环节检查任务，确保真正达到发现问题、整改隐患、促进安全的目的。秋冬交替季节首次组织开展"两个安全"跨省交叉随机抽查，抽调专业力量和业务骨干组成检查组，分赴河北、内蒙古、辽宁、吉林、江苏、江西、湖北7省（区）开展跨省交叉随机抽查，聚焦简易仓囤、外租仓储粮、外包作业等难点问题和重点环节实施隐患专项治理，加强风险预警和技术指导。通过常规检查、随机抽查、专项治理等，对企业储粮安全和生产安全作业与管理情况进行全面细致的检查，突出隐患整改和治理，及时向被检查省份和有关央企下达问题隐患整改通知。各地持续深入开展隐患排查和整治，突出排查整改有效性、时效性，采取督查通报、跟踪督办等方法促进问题隐患整改。

（三）坚持不懈寓管理于培训之中

2016年，国家粮食局制定了《粮油储存安全责任暂行规定》《粮油安全储存守则》《粮库安全生产守则》（以下简称"一规定两守则"），部署粮食行业全员培训工作，2017年是落实培训的重要节点。围绕"一规定两守则"全员培训，综合施策、创新措施，把培训同加强企业日常管理检查相结合，坚持不懈寓管理于培训之中，通过培训提高安全从业和检查治理水平。着力推动各项制度落地，将仓储管理工作系统化、通俗化，下大功夫解决接地气、贯通"最后一公里"的问题，为仓储管理的规范化、标准化、现代化打下坚固的实践基础。年末，创新培训方式，利用"互联网+"开展在线教学和督查测评，确

保学习和培训效果，全行业参加测评人数超过12万人。

（四）加快推进仓储工作转型升级

为积极推动仓储管理工作转型升级，在四川眉山召开"'两个安全'暨粮食仓储工作会议"，分析总结"两个安全"工作形势，正式提出"四个仓储"即安全、绿色、智能、精细仓储，明确在落实"一规定两守则"等制度、守好安全底线的基础上，推进仓储绿色化、智能化。会议要求各地区、各单位进一步梳理规范仓储设施的分类及用途；因地制宜改造提升仓储设施功能，推广低温、气调、生物防治等绿色储粮技术应用；探索粮情、库情智能化预警，提高自动化作业与管理水平；引导精细储存，促进"优粮优储、常储常新"。

（五）深化改革，稳步推进行政审批工作

贯彻落实党中央国务院"放管服"改革系列精神和要求，适应国家粮食安全形势新变化和粮食流通体制改革新形势，积极推进中央储备粮代储资格认定行政许可立法修规，依法高效完成2017年资格认定工作。2017年修订发布《中央储备粮代储资格管理办法》（国家发展和改革委员会 财政部令 第5号）、《中央储备粮代储资格管理办法实施细则》（国家粮食局公告 2017年第3号），优化中央储备粮代储资格认定工作程序机制，精简申报材料，改革申报方式，体现"放管服"改革精神，坚持依法行政。落实国务院审改办关于推进行政许可标准化的工作要求，建

设"中央储备粮代储资格网上直报和评审系统"（以下简称"直报系统"），2017 年首度实现该行政许可事项全过程、全环节网上办理，大大提高了行政审批效率。加强行政许可服务和指导，根据规章修订内容同步修改完善《中央储备粮代储资格认定服务指南》并及时更新，及早下发通知全面部署工作，认定期间通过 QQ 群、电话、直报系统等为企业提供全方位、多途径的咨询、指导和信息服务，申请人满意度明显提升。

二　粮食流通秩序规范

2017 年，全国粮食行政管理部门认真贯彻党的十九大精神，紧紧围绕全国粮食流通中心工作和重点任务，积极履职尽责，依法开展监督检查，切实规范粮食流通秩序，为完成粮食流通改革目标任务、保障国家粮食安全作出了积极贡献。

（一）加大粮食购销市场监管力度

各地把严防出现区域性"卖粮难"、政策性粮食"出库难"问题作为"稳市场、保供给"的关键举措。国家粮食局及时印发《关于认真做好 2017 年粮食收购监督检查工作的通知》，加强对各地工作的指导，督促各地根据收购市场形势变化，突出问题导向，聚焦风险隐患，调整监管重心。各地粮食行政管理部门认真落实属地监管责任，扎实开展夏秋粮收购监督检查工作，全年共开展检查 2.81 万次，出动检查人员 1.93 万人次，检查收购主体 4.96 万个，对收购中出现的拖欠农民售粮款、设置障碍造成农民售粮不畅等坑农害农和破坏市场秩序的违法违规行为进行严厉打击，切实有效保护了种粮农民利益。

为妥善解决"出库难"问题，为政策性粮食销售出库营造良好市场环境，8 月，国家粮食局印发《关于做好政策性粮食销售出库监管工作的紧急通知》，提出了一系列有针对性的对策措施，化解政策性粮食销售出库过程中的矛盾和问题，并派出工作组赴吉林、辽宁等地进行督导，促进问题解决。各地粮食行政管理部门按照国家粮食局的安排部署，密切关注政策性粮食销售出库动态，严格监管措施，落实监管责任，强化现场调解，力争把粮食销售出库矛盾化解在基层和现场。安徽等省制定了定向销售监管办法，做到责任明确、制度规范、流程清晰、处罚严厉。吉林等省严查定向销售稻谷转手倒卖的违法违规行为。湖南等省强化重金属超标最低收购价稻谷处置的监督管理。

（二）彻查严处重大涉粮案件

随着粮食去库存力度加大，过去积累的问题频发多发，引起社会高度关注。遵照党中央、国务院领导同志系列重要批示要求，国家粮食局会同有关方面查处督办了中储粮南阳直属库光武分库小麦变质案、中储粮襄阳直属库租赁库点万宝公司拖欠粮款案等重大涉粮案件。各地粮食部门结合本地实际，加大粮食购销市场监督检查力度，强化储备粮管理，依法惩处涉粮违法违规行为。据统计，全国粮食系统依法查处涉粮违法违规案件 3342 例，其中责令改正 2453 例，警告 1501 例，暂停或取消粮食收购资格 274 户，案件查办效果显著，有力发挥了震慑和警示作用，进一步规范了粮食流通市场秩序。

（三）体系建设取得新进展

在国家层面，中央事权粮食行政监管体制取得重大突破。为贯彻落实党中央、国务院关于加强粮食流通监管的重要指示精神，强化中央事权粮食行政监管。10 月，中央编办印发《关于国家粮食局有关机构编制调整的批复》（中央编办复字〔2017〕279 号），同意监督检查司更名为执法督查局，强化中央事权粮食行政监管职能，增强执法督查力量。11 月，国家粮食局党组审议通过了执法督查局组建方案，中央事权粮食监管体制取得重大突破，执法督查机构显著增强。同时，国家粮食局赴北京、广西等地深入调研，积极推动建立完善与中央储备粮垂直管理相适应的监管体制。

在地方层面，执法督查创新示范工作取得新进展。自 2017 年起，国家粮食局在原监督检查示范单位创建的基础上，开展全国粮食流通执法督查创新示范单位创建活动，实行总量控制、动态管理，以创促建、分类指导。制定印发了创新示范单位创建方案，认定第一批基层示范单位 88 家。通过典型示范引领，带动基层粮食部门提高监管效能，促进执法监管重心向基层倾斜，执法机构、执法人员、执法保障得到进一步加强。

（四）12325 全国粮食流通监管热线开通试运行

认真落实党中央、国务院领导同志关于加强粮食流通监管的重要批示指示精神，设立开通了 12325 全国粮食流通监管热线，受理粮食流通违法违规问题举报，利用电话和网络平台，拓宽社会监督渠道，进一步完善监管方式。全国 31 个省（区、市）安排近 6000 名管理员负责处理举报投诉线索，案件的受理、办理、反馈等工作做到公开透明、全程留痕，实现了各主体的责任可追溯。

三　粮食质量安全监管

2017 年，各级粮食部门按照党中央、国务院关于粮食工作和食品安全工作的决策部署，紧密围绕粮食流通工作大局和重点任务，齐心协力，攻坚克难，推动质量安全各项工作取得新成效，为保障我国粮食安全做出了积极贡献，为经济社会发展全局提供了有力支撑。

（一）粮食质量安全监管建章立制迈出新步伐

积极开展粮食质量安全立法修规工作并取得重大进展，新修订的《粮食流通管理条例》中突出了粮食质量安全要求，强化了粮食质量安全工作的法律基础。进一步修订完善《超标粮食收购处置管理办法（征求意见稿）》，做好政策储备工作。多数省（区）以政府文件或联合有关部门发布本地区超标粮食处置管理办法和本地区《粮食质量安全监管办法》实施细则，为依法开展粮食质量安全监管、提升粮食质量安全保障能力奠定了制度基础。北京、海南制定了粮食质量安全保障机制实施方案。黑龙江制定出台《黑龙江省粮食质量监督管理办法》《黑龙江省粮食出入库检验制度》等"一办法四制度"。广东省粮食局与省食药监局、农业厅联合印发了《关于严格落实粮食重金属强制检测制度的实施意见》，明确将粮食质量安全纳入重点监督管理范围，将进入口粮市场粮食的重金属列为必检项目。另外，江苏南京、湖北荆州、安徽阜阳等多个地市也出台了超标粮食收购处置管理办法或实施细则，层层落实监管责任。

（二）粮食质量安全检验监测体系建设开创新局面

1. 监测能力建设实现新突破

继"十二五"推进全国粮食质量安全检验监测能力建设工作之后，国家粮食局大力实施"优质粮食工程"。2017年，国家粮食局质量安全监管部门利用中央财政资金，推进建设广覆盖的粮食质量安全监测网，着力解决基层粮食质检机构严重缺失、粮食质量安全监测预警检验把关能力不足的问题。第一批15个省份重点在产粮大县或人口大县及重点地市，拟建设粮食质检机构412个。

2. 基层粮食质量安全管控能力取得新发展

云南、四川、湖北、山西、广东、重庆、宁夏等省（区）着力强化基层粮食质量安全管控，安排专项资金，为基层国有粮食企业和粮食产业化龙头加工企业配置快速检测设备，提升基层粮食质量安全风险快速筛查能力。

3. 质检机构运行机制开展新试点

为充分发挥国家粮食质量安全检验监测体系作用，主动适应粮食收储制度改革对粮食质量安全监管的新要求，在强化体系建设的基础上，主动探索第三方检验运行机制。国家粮食局在武汉、福州开展了试点工作，重点抓好政策性粮食质量安全监管和社会化公益服务，各地也在推动质检机构开展第三方检验服务。

4. 质检机构管理开创新方式

一是，开展机构督查考核。采取听取汇报、查阅资料、现场查看、盲样考核、实操评价等形式，对有关省份的16个国家粮食局挂牌机构的机构管理、基础设施、仪器设备、实验室质量控制、工作开展及发挥作用等情况进行了检查，推动检验机构进一步提升管理和技术水平。二是，强化质量安全政策法规培训。举办了首次全国粮食质量安全管理研修班，邀请相关领域专家就国家食品安全战略规划、粮食质量安全控制与监管、粮食质量安全快速检验技术等开展培训，提升行业粮食质量安全管理能力。

三是，推进信息化管理和技术应用。国家粮食质量安全监测监管系统建设取得初步成效，依靠信息化手段，进一步优化监测流程，提升工作效率和水平。

（三）粮食质量安全监测监管工作取得新成绩

1. 收获粮食质量安全监测得到新加强

各地粮食部门扩大监测范围、增加监测费用，2017 年各地累计采集检验监测上报样品 1.64 万份，获得检验数据逾 19 万个，同比增加约 11%，基本掌握了新收获粮食的质量安全状况，为制定国家粮食收购政策提供有力支撑。

2. 库存粮食质量安全监测实现新提高

在完成库存粮食质量检查"规定动作"的基础上，2017 年国家粮食局组织开展"大排查快整治严执法"等集中行动，进一步强化库存粮食质量安全检查。同时，各级粮食部门通过取样过程视频全程录像、检验结果随机复核等创新手段，加强对库存粮食的监管，实现库存粮食质量达标率、品质宜存率、食品安全合格率稳定在较高水平。

3. 粮食质量安全风险防控获得新改善

相关省份加强对最低收购价稻谷收购、检测和处置工作，发现问题及时按照国家有关规定采取妥当措施处置。华东、华北地区粮食部门对 2017 年玉米及时组织开展专项检验，第一时间掌握粮食质量安全状况，加强对超标玉米监控。各地加强放心粮油质量监管，按照"谁认定谁负责"的原则，全面推进"放心粮油"质量安全跟踪抽检，不断强化全产业链质量安全监测。

4. 粮食质量安全监测监管信息化开拓新应用

各级粮食部门积极探索推进质量监管信息化技术应用，依靠信息化手段，进一步优化监管流程，提升粮食质量安全工作效率和水平，为今后实时管理、超前预警、及时预防和有效利用粮食质量大数据等工作奠定了技术基础。

（四）粮食质量安全宣传取得新成效

精心组织"2017 年全国食品安全宣传周·粮食质量安全宣传日"活动，全行业联合呼吁社会各界携起手来，共同维护食品安全、主食安全、口粮安全，切实守护广大消费者"舌尖上的安全"。各地粮食部门通过发放宣传资料、布置宣传展板、悬挂宣传横幅、循环播放公益广告等方式，向群众宣讲食品安全和粮油营养健康知识，介绍粮食质量安全工作情况。宣传注重贴近生活、贴近群众，主动采取进社区、进学校、进超市、进企业、进农村、进军营、进家庭等方式，提高宣传活动群众参与度，让广大消费者切实感受到"粮食质量安全在身边"。

专栏

粮食安全隐患"大排查快整治严执法"集中行动

为认真落实党中央、国务院领导同志关于全面加强粮食流通监管的重要批示精神，汲取教训、举一反三，国家发展改革委、国家粮食局、财政部、中国农业发展银行联合部署，从2017年8月开始，在全国范围内开展粮食安全隐患"大排查快整治严执法"集中行动（以下简称"大快严"集中行动）。期间，还派出8个组对黑龙江、安徽、河南、四川等四省进行了2017年第二轮跨省交叉执法检查。总体看，"大快严"集中行动影响大、行动快、措施实、效果好，各地政府、有关部门和收储企业不断强化粮食库存监管，政策性粮食储存较为安全，同时也及时排查、有效整治了一大批粮食安全问题隐患，查处了一批违规违纪问题。

（一）各方高度重视，协调联动

国家四部门成立了"大快严"集中行动联席工作组，召开联席会议，明确各自职责分工，加强对集中行动的领导。召开全国"大快严"集中行动动员会议，全面部署推进，确保思想认识到位、人员安排到位、工作措施到位、经费保障到位。国家有关部门由部级领导同志带队先后到9个省区督导检查。各地坚持问题导向和底线思维，按照"大排查、快整治、严执法"和"全覆盖、零容忍、重实效"的要求，认真组织实施。天津等16个省级政府负责同

志专门作出批示，提出明确要求；安徽省政府成立领导小组，将本省"查治守保促"专项治理行动和"大快严"集中行动有机融合；北京等8省（区、市），在发改、粮食、财政、农发行4部门的基础上，还将工商、质监、食药监、法院、检察院、公安等部门吸纳为领导小组成员单位，强化了部门协作工作机制。

（二）加强宣传引导，营造良好氛围

积极组织《人民日报》《经济日报》、中新社、央视网等主流媒体，持续加强对"大快严"集中行动的宣传报道。国家粮食局负责同志就"大快严"集中行动接受《瞭望》新闻周刊专访。各地也通过报纸、网络加强对"大快严"集中行动的宣传报道，据统计，主流媒体共发布转载"大快严"集中行动的相关报道100多条（次）。

（三）压实各方责任，督促企业全面查摆问题

各地突出安全储粮和安全生产两个重点，对全国所有承储政策性粮食的企业进行了全面排查。河北、吉林、江苏、江西、安徽、广东、湖南、青海等省份派出督导组，对本辖区的集中行动进行督导检查。有关央企按照"大快严"集中行动的要求，督促所属基层企业认真自查自纠，主动配合有关部门，认真开展风险隐患

问题排查整治。通过企业自查自纠、各级部门抽查以及排查整治"回头看"，重点解决安全储粮和安全生产制度与责任落实不到位、政策执行"打擦边球"等问题，进一步压实粮食收储企业经营管理主体责任；严格按照"双随机一公开"和"四不两直"要求，建立排查工作责任制，通过细化抽查事项清单和检查底稿，分级分类督查督导，推动问题隐患整改，逐级压实地方粮食等部门的行政监管责任；各地建立起政府主导、有关部门协同联动的政策性粮食安全管理长效机制，地方政府属地管理责任得到加强。

（四）查改并举，强化整改

各地"大快严"集中行动对发现的安全储粮和安全生产、政策性粮食租仓和委托收储、政策性粮食销售出库、中央储备粮管理、地方储备粮管理等 5 个方面的问题隐患，能够立行立改的，立即进行现场整改；不能立即整改的，制订整改计划，限期整改。针对检查发现的问题和薄弱环节，从思想认识、管理体制、监管机制等方面深刻剖析原因，汲取教训，强弱项、补短板，制定行之有效的制度办法。在努力解决和消除存量风险的同时，高度重视和严控增量风险。加强安全储粮和安全生产管理，进一步贯彻落实"一规定两守则"，完善储备粮管理，建立重大涉粮案件线索上报制度，堵塞政策执行漏洞。通过加快建立完善粮食安全隐患排查整治长效机制，巩固扩大"大快严"集中行动成果，务求达到"以检查促整改、以整改促管理"的目的。

第五部分
粮食宏观调控

一   政策性收购

为切实保护种粮农民利益，促进粮食生产稳定发展和农民增收，2017年国家继续在部分粮食主产区实施小麦和稻谷最低收购价政策，在新疆实施小麦临时收储政策，均由中储粮集团公司作为政策执行主体具体组织实施。面对严峻复杂的市场形势，国家有关部门提前谋划，及早研究下发收购文件，及时召开夏粮和秋粮收购工作会议安排部署，指导各地做好资金、仓容、培训等准备工作，引导多元主体积极入市，扩大市场化收购。针对部分地区连续阴雨，中晚稻倒伏、发芽，玉米生霉等情况，国家有关部门联合下发紧急通知，指导各地抓好受灾地区粮食收购处置工作。各地因地制宜、多措并举，克服仓容紧张、阴雨洪涝等困难，切实抓好粮食收购工作，没有出现大范围"卖粮难"，有效保护了农民利益。

2017年，小麦、早籼稻、中晚籼稻、粳稻最低收购价分别为每斤1.18元、1.30元、1.36元、1.50元，除小麦价格保持不变外，其他品种分别较上年每斤下调3分、2分、5分。新粮上市后，由于市场价格低于国家规定的收购价格，河北、江苏、安徽、山东、河南、湖北6省，江西、湖南2省，安徽、湖北、四川、河南、江苏、黑龙江、江西、湖南、吉林9省分别启动了小麦、早籼稻、中晚稻最低收购价执行预案，新疆启动了小麦临时收储，各地和有关中央企业认真执行国家粮食收购政策，收购工作总体平稳有序。

二   粮食储备及轮换

中央和地方储备粮管理进一步加强。国家有关部门继续加强中央储备粮管理，进一步调整优化中央储备粮区域布局，指导和督促2017年度中央储备粮油轮换计划执行，及时下达2018年度中央储备粮油轮换计划。随着地方储备增储任务顺利完成，各地着力强化储备粮管理，认真抓好地方储备粮油轮换，有效应对市场变化，减少轮换亏损，发挥好储备粮油吞吐调节作用，不断完善创新管理模式和运行机制，地方储备粮管理的规范化、法治化、科学化水平得到进一步提升。

三 粮情监测预警

随着粮食收储制度改革的深入推进，我国粮食流通形势发生了深刻变化，粮食市场监测预警工作面临新机遇新挑战。2017年，粮油市场监测工作水平进一步提升，监测方法更加科学，充分发挥了加强和改善粮食宏观调控，科学引导粮食生产、流通和消费，保持粮食市场基本稳定的重要作用。

（一）优化市场监测点布局

各级粮食部门根据形势发展变化，不断健全粮油市场监测网络，优化调整市场信息监测点，对经营量减少、报价连续性不强、代表性不够的企业及时进行了调换，监测数据的质量进一步提高，监测的灵敏性和准确性不断提升。同时，密切跟踪市场动态，强化对市场走势的预测预判，及时发现苗头性、倾向性、潜在性问题，主动预警预报，提出有针对性和可操作性的措施建议。

（二）继续对重点时段和重点地区加强监测

2017年是玉米收储制度改革的第二年，为及时掌握收购市场动态，确保改革顺利推进，国家粮食局继续实行东北地区玉米收购进度和价格监测日报，每天掌握玉米收购进展和市场价格情况，按时在局政府网站向社会发布相关信息，为企业和农民提供信息服务，引导市场预期和玉米合理有序流通，对改革的顺利推进发挥了积极作用。

（三）充分发挥粮食市场形势专家会商机制作用

为进一步加强对粮食生产、流通、加工和消费的市场分析，科学准确研判市场动态和发展变化趋势，定期召集行业内大型企业、协会和研究机构的专业人员，对粮食市场形势进行会商，听取专家意见，提出有针对性的政策措施建议，更好地服务决策和指导工作。

（四）研究编制粮食收购价格指数

为落实2017年粮食流通重点工作中关于"健全涵盖国家、省、市、县四级的全系统监测预警体系，建立预测预警数据模型和粮食安全决策支持系统"的要求，国家粮食局组织研究粮食收购价格指数编制方法，探索以指数形式准确反映市场价格变化，为粮食生产者、经营者提供参考依据，为各级政府和有关部门科学研判粮食市场形势、实施粮食宏观调控提供基础性信息支撑。

四 粮食产销合作

2017年，国务院出台了完善粮食主产区利益补偿机制的指导意见，对建立市场化的产销协作机制提出了明确要求。国家有关部门加大顶层设计力度，研究起草《关于深化粮食产销合作提高安全保障能力的指导意见》，指导产销区建立多形式、深层次、长期稳定的合作关系。各地认真落实国务院关于建立健全粮食安全省长责任制的意见，主动适应粮食流通新形势，加强粮食产销合作，通过举办粮油精品展、贸易洽谈会，为合作企业搭建平台，促进粮食产销合作稳定发展。黑龙江省"金秋粮食交易合作洽谈会"和福建省"九省粮食产销协作洽谈会"签订粮食购销合同及协议分别达到2130万吨、635万吨，合同履约率都在75%以上。同时，国家有关部门继续安排下达国家政策性粮食跨省移库计划110万吨、省（区）内跨县集并计划105万吨，促进粮食合理有序流通。

五 粮食市场建设

2017年，按照中央一号文件"完善全国农产品流通骨干网络，加快构建公益性农产品市场体系"要求，各级粮食部门立足供给侧结构性改革这条主线，全面提升粮食批发市场功能，加快粮食批发市场基础设施改造升级，重点加强信息系统和质量检验检测系统建设，提高粮食批发市场管理水平和从业人员素质，构建网络健全、质量安全的粮食批发、零售市场体系。以深入开展"放心粮油"进农村、进社区活动为重点，进一步扩大"放心粮油"覆盖范围，利用现有城乡粮油食品销售网点，发展标准化、规范化的放心粮油示范销售店和经销店。为适应粮食收储制度改革，创新粮食营销模式，1月9日，全国粮食统一竞价交易系统正式升级改版为国家粮食电子交易平台，并将交易范围由国家政策性粮食扩展到贸易粮。3月份国家粮食局批准组建西宁国家粮食交易中心，除海南和西藏外，全国29个省（区、市）均组建国家粮食交易中心并联网纳入国家粮食电子交易平台。

六 粮食市场交易

2017年，我国粮食产量、进口量和消费量"三增"，市场供给总体宽松。面对复杂的"去库存"形势，国家粮食局会同有关部门在常年常时竞价销售国家政策性粮食的同时，积极采取定向、邀标、委托、包干等多种销售方式，进一步加大库存粮食消化力度，取得显著成效。全年通过交易平台共组织国家政策性粮油竞价及挂牌交易会395场，成交国家政策性粮油7817万吨，比上年增加3995万吨，增幅105%。分品种看，成交小麦1021万吨，同比增加562万吨；稻谷1031万吨（其中，早稻120万吨、中晚籼稻387万吨、粳稻524万吨），同比增加329万吨；玉米5654万吨，同比增加3496万吨；大豆22万吨、菜籽油89万吨。同时，地方各级政府和有关部门努力创新农民余粮市场化销售方式，构建新型粮食网络购销体系，积极引导和推进地方储备粮和贸易粮联网交易，全年共组织交易会1274场，成交粮食557万吨，较上年增长8%。

2017年，国家政策性粮食成交量同比翻番，并再创历史新高。一是，国家有关部门密切关注粮食市场行情变化，有效施策，精准调控，将稻谷和玉米作为粮食消化的重点品种，适时调整交易底价，促进了粮食拍卖成交。二是，随着玉米收储制度改革的推进，产业经济的发展，市场需求的增加，国内玉米原料成本下跌，有效抵挡了部分进口替代粮源。三是，粮食等有关部门进一步加大政策性粮食出库监管力度，确保库存粮食顺利出库，维护正常的市场交易秩序。

第六部分
粮食流通体系建设

一 粮食仓储物流体系

2017 年，各级粮食部门认真贯彻党的十九大精神，按照《粮食行业"十三五"发展规划纲要》《粮食物流业"十三五"发展规划》《粮食收储供应安全保障工程建设规划（2015~2020 年）》的安排部署，完善现代粮食仓储物流体系，满足了粮食宏观调控需要，为服务乡村振兴战略、保障国家粮食安全奠定了坚实的基础。据统计，中央财政共投入约 20 亿元资金用于完善现代粮食仓储物流体系。

（一）优化粮食收储能力

2017 年，国家累计安排中央补助投资约 12 亿元，建设仓容 400 多万吨。随着粮食收储制度改革的不断推进，粮食仓储设施建设的重点也进一步调整，2017 年重点围绕优化布局、调整结构、提升功能，支持有政策性收储任务的主产区、其他有仓容建设需求的主销区和产销平衡区建设仓储设施，力争将粮食收储能力保持在合理水平。

（二）完善粮食现代物流体系

2017 年，国家共安排中央补助投资约 8 亿元用于支持各地和中央企业 26 个粮食现代物流项目的建设。进一步完善"北粮南运"八大跨省粮食物流通道，全力打造沿海、沿长江、沿运河、沿京哈、沿京沪、沿京广、沿陇海、沿京昆等"两横、六纵"8 条重点线路，重点支持位于重要节点的项目，支持建设了舟山国际粮油产业园、重庆西部农产品物流中心、东莞市虎门港麻涌港区码头和散粮物流项目、湖北省粮棉油加工及物流科技产业园等一批位于节点上辐射带动能力强的多功能粮食物流园区。粮食物流节点和园区的示范带动作用进一步加强，铁路散粮、汽车散粮、内河船舶散粮运输等稳步发展，集装箱、集装袋等集装单元化运输能力显著提高，公铁、铁水等多式联运能力逐步提升，粮食运输效率不断增强。

（三）持续推进粮库智能化升级改造

2017 年，中央财政共安排中央补助资金约 13 亿元用于粮库智能化升级改造，对改善粮食仓储设施条件，提升仓储功能发挥了重要作用。全国除海南外的所有省份均已开展粮库智能化升级改造，各地积极稳妥推进智能化升级改造工作，江苏、浙江、安徽、山东、河南、湖北、青海等 7 个省级粮食管理平台基本建成。

二　粮食应急保障体系

2017年，国家发展改革委、国家粮食局联合印发了《粮食安全保障调控和应急设施中央预算内投资专项管理办法》，首次将粮食应急体系建设项目纳入中央预算内投资。各地积极做好项目申报工作，充分利用和整合现有资源，优化粮食应急供应网点布局，合理确定应急加工企业和配送中心，满足辖区内粮食应急供应需要。截至2017年底，全国共确定应急供应网点4.5万个、应急加工企业近6000个、应急配送中心近3000个。2017年新疆塔什库尔干、四川九寨沟、西藏林芝、重庆武隆等地震和四川茂县山体滑坡灾害发生后，国家粮食局第一时间联系当地粮食部门，指导有关地区全力组织好粮食应急保供和抗震救灾工作。地方粮食部门对库存粮食进行核查，统筹做好库存粮食应急出库、加工、配送等各项准备，确保了受灾地区粮食市场供应和军需民食。

三　粮食产业经济发展

2017年4月，习近平总书记在广西考察期间强调，要夯实粮食安全基础，延伸农业产业链，着力发展高附加值、高品质农产品，提高农业综合质量、效益、竞争力。2017年5月，李克强总理在山东考察期间听取国家粮食局工作汇报后指出："大力发展粮食产业经济，加快粮食精深加工转化，对促进企业提质增效、农民就业增收和推动一二三产业融合发展，同时实现从'吃得饱'到'吃得好'的转变，提高消费者的生活质量，都有重要的现实意义。加强顶层设计，出台指导性意见确有必要"。张高丽副总理2017年初对粮食流通工作作出重要批示，要求"深化粮食收储制度改革，加强粮食宏观调控，推动粮食行业转型发展，切实保障国家粮食安全"。为深入贯彻习近平总书记、李克强总理和张高丽副总理的重要指示精神，国家粮食局深入调查研究、广泛征求意见，会同有关部门研究起草了《关于加快推进农业供给侧结构性改革大力发展粮食产业经济的意见（代拟稿）》。2017年9月1日，国务院办公厅正式印发《国务院办公厅关于加快推进农业供给侧结构性改革大力发展粮食产业经济的意见》（国办发〔2017〕78号）。

国办发〔2017〕78号文件印发后，国家粮食局立即在山东滨州组织召开全国加快推进粮食产业经济发展现场经验交流会，认真贯彻国务院领导同志重要指示批示精神，落实文件确定的各项任务，统筹打造"四大载体"，着力创建粮食产业经济示范市，加快建设特色园区，大力培育龙头企业，稳步推进"优质粮食工程"建设。各省（区、市）高度重视，积极推进各项工作。黑龙江、广西、云南省（区）委、省（区）政府主要负责同志和福建、江西、河南、湖南、重庆、四川、新疆等省（区、市）政府分管负责同志召开专题会议或作出批示。天津、河北、山西、辽宁、吉林、黑龙江、安徽、福建、山东、湖北、重庆、贵州、云南、陕西、宁夏等15省（区、市）已正式下发文件，各地推进粮食产业经济发展取得初步成效，涌现出了一批好的做法和经验。

（一）注重政府引导，带动效应明显

一是，发挥"优质粮食工程"带动作用。山东"优质粮食工程"中央财政补助3亿元，省级财政补助2亿元，直接拉动社会和企业投资9亿元；安徽以实施"中国好粮油"行动为契机，切实做好重点示范县、示范企业建设和"中国好粮油""安徽好粮油"遴选工作。二是，推动建立产业发展基金。浙江指导相关企业成立"浙江省粮食产业发展基金"，计划募资规模5亿元；河南安排财政资金2亿元，吸纳社会资金3亿元，建立了5亿元的"河南省粮油深加工发展基金"。三是，积极推进主食产业化示范工程建设。河南近5年共筹集资金4.33亿元，采取贷款贴息方式对228个主食产业化和粮油深加工企业给予扶持，带动总投资近340亿元的主食产业化项目建设；陕西安排1200万元专项资金，对17个主食产业化项目进行补助，并对西安爱菊粮油工业集

团等15个主食产业化先进企业授牌。

（二）注重品牌引领，聚合发展优势

山西省政府出台"山西小米"品牌建设实施方案，成立了由分管副省长担任组长的"山西小米"品牌建设领导小组；黑龙江全力打造"黑龙江大米"品牌，推动"黑龙江大米"加快从传统"东北大米"模糊概念中剥离出来；吉林实施"吉林大米"品牌战略，形成完整的"吉林大米"产业体系；广西以广西香米产业联盟为主体，创建"广西香米"品牌；宁夏以"宁夏大米"品牌建设为切入点，组建"宁夏大米产业联盟"，制作了"宁夏大米"宣传广告片——《礼物》。

（三）注重产业集聚，发挥规模效益

湖南有序推进油茶产业、面业产业、菜油产业、米粉产业、杂粮食品产业、优质大米产业等示范园区建设；广西加快规划建设南宁、柳州、贵港、防城港等一批粮食物流园区，其中中国—东盟粮食物流园区，力争建设成为具有较强影响力的区域性国际粮油交易合作中心；重庆重点打造西部粮食物流园、江津德感粮油加工产业园区、涪陵临江物流粮油港口粮食产业集聚地；广东珠江三角洲地区已经形成大型油脂加工及深加工产业集群、植物油和饲料加工互为支持的加工区域；新疆利用"丝绸之路"经济带核心区建设契机，积极推动粮油产业园区建设；江苏已基本建成23个粮油产业物流园区，逐步形成了淮安大米加工、镇江面粉加工、苏州油脂加工、徐州饲料加工、扬州粮机制造等为代表的特色粮食产

业集群。

作用。

（四）注重区域特色，发展优质产业

西藏加快组建西藏农牧产业投资集团有限公司，推动青稞产业发展；云南依托高原特色粮油产区和关键粮食物流节点，打造红河红米、德宏遮放贡米、文山八宝贡米等一批高原特色粮食产业集群；青海集中精力发展藜麦和青稞特色产业；甘肃促进马铃薯特色产业发展，先后培育出相关新品种 70 多个；贵州实施"特色粮食"工程，加快把红稻、黑稻、糯稻、有机稻、油茶籽、油菜籽、马铃薯、芸豆、荞麦、薏仁等特色粮油资源优势转变为经济优势；四川规划建设了南溪豆制品、凉山苦荞、宜宾燃面、川北凉粉等一批优质主副食品产业示范基地；陕西指导各地挖掘具有地方特色、习俗、文化的涉粮名小吃，因地制宜开展名小吃工业化试点工作；宁夏支持曼苏尔清真食品有限公司建立年产 3000 吨清真食品生产线，对民族特色食品产业发展起到示范

（五）注重发展新业态，推动转型升级

山西涌现出"饭中有豆""农芯乐"等电商平台，加快推进"山西粮油交易网"建设；四川支持"川粮网"等电商平台建设；江苏、四川等省推进粮食与文化、旅游等产业融合发展，鼓励发展粮食产业观光、体验式消费等新业态。

（六）注重营造政策环境，保障健康发展

浙江省下发了《关于农产品初加工用电价格有关事项的通知》，全省大米加工企业已执行农业生产用电价格，大米加工企业用电成本下降 1/3 左右；黑龙江认真规范落实玉米深加工和饲料企业收购加工新产玉米每吨补贴 300 元的扶持政策；吉林设立玉米收购贷款信用保证基金，规范信用保证基金管理操作、保障运行安全，切实发挥"四两拨千斤"的作用。

表 6-1　2017 年国家出台的粮食产业政策

序号	文件名	产业类别	主要内容政策
1	中共中央　国务院关于深入推进农业供给侧结构性改革加快培育农业农村发展新动能的若干意见		六、加大农村改革力度，激活农业农村内生发展动力 26.深化粮食等重要农产品价格形成机制和收储制度改革。坚持并完善稻谷、小麦最低收购价政策，合理调整最低收购价水平，形成合理比价关系。坚定推进玉米市场定价、价补分离改革，健全生产者补贴制度，鼓励多元市场主体入市收购，防止出现卖粮难。采取综合措施促进过腹转化、加工转化，多渠道拓展消费需求，加快消化玉米等库存。调整完善新疆棉花目标价格政策，改进补贴方式。调整大豆目标价格政策。科学确定粮食等重要农产品国家储备规模，优化中央储备粮品种结构和区域布局，改革完善中央储备粮管理体制，充分发挥政策性职能作用，严格政策性粮食监督管理，严防跑冒滴漏，确保储存安全。支持家庭农场、农民合作社科学储粮。

序号	文件名	产业类别	主要内容政策
2	中共中央办公厅 国务院办公厅关于加快构建政策体系培育新型农业经营主体的意见	粮油加工业	（五）引导新型农业经营主体多路径提升规模经营水平。鼓励农民按照依法自愿有偿原则，通过流转土地经营权，提升土地适度规模经营水平。支持新型农业经营主体带动普通农户连片种植、规模饲养，并提供专业服务和生产托管等全程化服务，提升农业服务规模水平。引导新型农业经营主体集群集聚发展，参与粮食生产功能区、重要农产品生产保护区、特色农产品优势区以及现代农业产业园、农业科技园、农业产业化示范基地等建设，促进农业专业化布局、规模化生产。支持新型农业经营主体建设形成一批一村一品、一县一业等特色优势产业和乡村旅游基地，提高产业整体规模效益。
3	国家发展改革委办公厅废止《关于玉米深加工项目管理有关事项的通知》的通知（发改办产业〔2017〕627号）	粮油加工业	废止《关于玉米深加工项目管理有关事项的通知》（发改办产业〔2015〕1017号），玉米深加工项目建设的备案按照国务院令第673号的规定统一管理。

专栏 "粮安工程"

2013 年"粮安工程"全面实施以来，在各级发展改革和财政部门的大力支持下，粮食部门切实加强组织领导和统筹协调，全力推进"粮安工程"建设，取得了明显成效。

一是，在粮油仓储设施建设方面，2013~2017 年，累计安排中央预算内投资 170 多亿元，安排 8000 多万吨新仓建设任务，粮食收储能力大幅提升，布局不断优化，为粮食收储奠定了坚实的物质基础。同时，2013~2017 年，中央财政累计补助 100 多亿元用于"危仓老库"粮库维修改造和粮库智能化升级改造，极大改善了粮食仓储设施条件，提高了粮食行业信息化管理水平，有效保障了粮食存储安全。

二是，在粮食物流通道建设方面，2013~2017 年，累计安排中央预算内投资 40 多亿元，建设和配置了一大批散粮设施，"北粮南运"八大跨省粮食物流通道更加完善，建设了南宁中国—东盟粮食物流园区、贵州西南粮食城、舟山国际粮油产业园、东莞市虎门港麻涌港区码头和散粮物流项目等一大批集粮食仓储、物流、加工、交易等功能于一体的粮食物流园区，散粮运输比例稳步提升，粮食物流效率明显提升。

三是，在应急供应体系建设方面，2017 年，国家发展改革委、国家粮食局联合印发了《粮食安全保障调控和应急设施中央预算内投资专项管理办法》，将粮食应急体系建设项目纳入中央预算内投资支持范围，各地按要求积极做好项目储备和申报工作。截至 2017 年底，全国共确定应急供应网点 4.5 万个、应急加工企业近 6000 个、应急配送中心近 3000 个。

四是，在粮油质量安全能力建设方面，2013~2016 年，累计安排中央预算内投资 6 亿多元用于粮食质量安全检验监测能力建设；2017 年起，中央财政开始对国家粮食质量安全检验监测体系建设予以支持。通过财政支持，到 2020 年末，将形成由 6 个国家级、32 个省级、305 个市级、960 个县级粮食质检机构构成的粮食质量安全检验监测体系。粮食质量安全检验监测体系建设，为在更高水平上保障国家粮食安全发挥了重要的作用。

五是，在粮食节约减损方面，2013 年以来，粮食储存、物流、加工、消费等各环节的节约减损工作不断推进。2013~2016 年，累计安排中央预算内投资约 9 亿元，为 400 多万农户配置科学储粮装具，使农户存粮环节损失浪费有效减少。2017 年开始实施粮食产后服务体系建设，为种粮农民提供"代清理、代干燥、代储存、代加工、代销售"等"五代"服务，并同步实施农户科学储粮建设。同时，随着现代粮食仓储物流体系的不断完善，粮食储存、运输环节的损耗明显降低，品质保障能力不断提高。另外，积极引导粮油加工企业节粮减损，持续推进爱粮节粮宣传活动，对促进全社会节粮减损、反对浪费发挥了重要作用。

第七部分
粮食流通体制改革

一 粮食流通体制改革概述

2017 年，全国各级粮食部门围绕中心、服务大局，积极作为、锐意进取，推动粮食流通改革发展开创了新局面。

2017 年 1 月，国家粮食局召开全国粮食流通工作会议，强调要牢固树立和贯彻落实新发展理念，主动适应把握引领经济发展新常态，坚持稳中求进工作总基调，以粮食供给侧结构性改革为主线，完善粮食宏观调控体系，提升粮食流通现代化水平，加快粮食行业转型升级，增强国家粮食安全保障能力，以优异成绩迎接党的十九大胜利召开。会议要求继续推进玉米收储制度改革，进一步激活购销主体，保障收购资金，做好防范风险的准备，防止出现大面积"卖粮难"；深入研究完善稻谷、小麦最低收购价政策；强化粮食市场监管，按照"双随机、一公开"要求，运用多种手段加强事中事后监管；深化国有粮食企业改革，建立健全现代企业制度，积极稳妥有序发展混合所有制粮食经济，组建跨区域、跨所有制的粮食企业集团，开展全产业链经营。

在改革完善粮食收储制度方面，按照国务院统一部署要求，在有关部门的大力支持下，立足东北地区玉米"市场化收购"加"补贴"新机制，加强组织指导，强化调度督查，统筹协调运力保障、资金筹措和市场监测、产销衔接等工作，推动了各项政策措施的有效落地。东北三省一区粮食部门在当地党委、政府的领导下，积极引导多元市场主体入市收购，做了大量扎实细致、富有成效的工作。玉米市场价格形成机制基本建立，种植结构调整优化，加工企业全面激活，改革效果比预期好，得到了国务院领导同志的充分肯定。调整完善稻谷和小麦最低收购价政策，认真组织政策性收购和市场化收购，全年共收购粮食 41712 万吨。内蒙古、辽宁、吉林、黑龙江、江苏、河南等省（区）用好粮食收购贷款信用担保基金，着力解决收购资金问题。

在深化粮食流通监管改革方面，认真落实党中央、国务院领导同志重要批示精神，坚持问题导向和底线思维，切实加强粮食流通监管。加大监督检查力度，与发展改革、财政、农发行等有关部门单位一起，全面开展粮食安全隐患"大排查、快整治、严执法"集中行动，中储粮系统按照国务院国资委"九严查"要求，也开展了"四查一补"，发现和整改了一批突出问题。创新监管执法方式，分两次对 10 个省份开展跨省交叉执法检查，拓宽社会监督渠道，12325 全国粮食流通监管热线已开通试运行。江苏省建设粮食流通监管和移动执法平台；安徽省、广东省对粮食经营违法违规行为实行联合惩戒和"黑名单"制度。完善执法监督体制机制，经中央编办批准，国家粮食局监督检查司更名为执法督查局，强化监管职责和力量。会同有关部门严肃查处涉粮案件，严格督查督办，发挥了震慑警示作用。京津冀开展联合执法检查，江苏、安徽、山东、河南四省搭建区域执法协作平台。

在深化国有粮食企业改革方面，认真落实党中央、国务院关于深化国有企业改革的决策部署，适应农业供给侧结构性改革和粮食收储制度改革的形势要求，坚持政企分开、政资分开、所有权与经营权分离的原则，以产权制度改革为核心，大力推进国有粮食企业改革。培育骨干国有粮食企业，继续推进"一县一企、一企多点"改革，以优势骨干粮库为主体，对分散的库点资产进行整合，推进县级企业兼并重组。以资本为纽带，打破地域和企业层级限制，着力打造跨区域骨干粮食企业集团。稳妥发展混合所有制粮食经济，鼓励多元市场主体参与国企改革，完善公司法人治理结构，建立健全现代企业制度，提高企

业活力和市场竞争力，放大国有资本功能。大力发展粮食产业经济，支持基层国有粮食企业积极参与"优质粮食工程"建设，发挥仓储和市场渠道优势，组建粮食产后服务中心，开展"五代"服务。鼓励骨干企业向产业链上下游延伸，与各类市场主体构建多种形式的粮食产业联盟，实现优势互补。加强党的领导，把党的领导融入公司治理各环节，充分发挥党组织的领导核心和政治核心作用。国有粮食企业在抓收购促增收、保供应稳市场、强产业促发展等方面继续发挥着重要作用。

二　粮食安全省长责任制考核

2017年，粮食安全省长责任制国家考核工作组各成员单位按照第二次联席会议部署，切实加强组织领导，密切沟通配合，圆满完成了2016年度"首考"工作。在总结借鉴"首考"经验的基础上，7月，国家考核工作组成员单位联合向各省级人民政府印发了2017年度考核工作通知（发改粮食〔2017〕1416号），出台了考核评价细则和评分方法。各省（区、市）按照国家考核工作组的部署要求，扎实开展工作，取得了积极成效。

（一）切实加强组织领导

各省（区、市）高度重视粮食安全省长责任制考核工作，加大组织领导力度。26个省份考核工作组组长由省级人民政府领导同志担任，

13个省（区、市）将粮食安全省长责任制落实情况纳入省级政府或党政领导班子绩效考核。

（二）强化日常监督考核

各省（区、市）按照国家考核工作组的部署，建立了粮食安全省长责任制落实台账制度，及时调度年度考核目标任务完成情况。对于工作进度慢、质量不高、重点任务落实不力的，立即进行督导。国家考核办及时掌握各地动态，对考核工作的典型做法以及落实省长责任制的突出成效，编印工作简报供各地学习借鉴。通过以点促面，进一步强化日常监督考核工作。

（三）认真开展考核自评

各省（区、市）及时制定考核工作方案，

下发考核通知，梳理和分解考核事项，明确责任部门和具体要求，确保考核工作扎实有序推进。吉林、河南、重庆、宁夏等省（区、市）优化对市地的考核内容，增加重点难点工作，使考核更符合当地实际。内蒙古、河南、广东等省（区）对开展责任制落实情况进行联合督导。江苏省在省级政府自评期间，每周编发工作指导意见，督促各部门落实自评工作。重庆市采取"双随机"方式，确定抽查区县和抽查人员分组。福建、宁夏等省（区）实现对设区市考核现场抽查全覆盖。北京市制作实地考核重点检查事项表，增强考核的针对性。

（四）充分发挥考核"指挥棒"作用

通过考核，各省级人民政府对贯彻落实党中央、国务院关于粮食安全决策部署的重视程度明显提高，粮食安全责任意识明显增强，大多数省份将粮食安全工作写入政府工作报告或列入政府年度重点工作，省级党委、政府主要领导同志和分管负责同志专题研究部署、督导落实力度明显加大。各省（区、市）坚持问题导向、底线思维，提高政治站位，强化责任担当，认真开展考核发现问题的整改工作，以整改推动粮食安全省长责任制落实。

三　粮食收储制度改革

国家有关部门采取积极举措，积极稳妥推进粮食收储制度改革。一方面，玉米收储制度改革成效好于预期。2017年在东北三省一区统筹实施"市场化收购"加"补贴"机制，进一步完善各项政策措施，强化形势研判和市场监测，加强运力对接和政策宣传，巩固拓展玉米收储制度改革成果，改革红利持续释放，市场活力激发，加工企业产能利用率提高，收购进展总体顺利，市场运行平稳。截至2018年4月30日收购期结束，主产区收购玉米7729万吨、大豆410万吨。另一方面，小麦稻谷收储制度改革稳步推进。在深入调研、研判小麦稻谷供求形势、统筹库存消化的基础上，国家有关部门及时调整小麦和稻谷最低收购价格水平，强化最低收购价预案执行，不断完善最低收购价政策相关机制。

四　粮食流通统计制度改革

2017 年，各级粮食行政管理部门认真履行行业统计职责，继续深入推进粮食流通统计制度改革，坚持依法依规统计，围绕中心、服务大局，聚焦提高统计数据质量，优化创新机制方法，统计工作效率和服务能力显著提升。

（一）修订完善粮油供需平衡调查方案

开展专题调研，不断优化统计调查方法。对乡村居民户采取分层抽样方法，降低抽样误差；制定城乡居民户台账样式，简化调查内容，规范填写方法，有效控制基础调查数据质量。转变工作方式，完善工作流程，由国家粮食局按照统一的推算方法，生成全国社会粮食、食用植物油供需平衡调查表，同时测算各省社会粮食、食用植物油供需平衡表初步数，与各省粮食局会商定案。

（二）切实提高统计数据质量

国家粮食局印发《关于进一步加强粮食流通统计工作切实提高统计数据真实性的通知》，要求地方各级粮食部门充分认识粮食统计工作的重要意义，建立健全粮食流通统计工作责任体系，健全统计数据质量控制体系，确保统计数据真实可靠。加大数据审核力度，主动与相关部门加强共享合作，扩大统计覆盖面。组织开展专题调研，督导各地前移数据质量关口，切实防范数字出腐败、统计出腐败风险。

（三）稳步推进统计信息化

进一步拓展"国家粮油统计信息系统"功能，充分挖掘数据价值，强化统计分析和服务能力，开发完成数据质量监控、定制模板查询、手机 APP 等功能，减轻了各级统计人员的工作负担，提高了统计查询的便捷度和统计信息的时效性。

五　国有粮食企业改革

2017 年，各级粮食部门深入学习贯彻习近平新时代中国特色社会主义思想和党的十九大精神，认真落实国家粮食安全战略和党中央国务院关于深化国有企业改革的决策部署，按照全国粮食流通工作会议要求，坚持政企分开、政资分开、所有权与经营权分离的原则，以产权制度改革为核心，稳妥有序发展混合所有制粮食经济，结合本地实际积极推进国有粮食企业改革。国有粮食企业在抓收购促增收、保供应稳市场、强产业促发展等方面继续发挥着重要作用。

（一）积极推进国有粮食企业改革

1. 培育骨干国有粮食企业

在粮食主产区，因地制宜推进国有粮食企业改制重组；在边远地区，保留必要国有粮食企业。大中城市以国有控股和国有参股形式，重点保留一批粮食加工和批发零售骨干企业。大力推进"一县一企、一企多点"改革，以优势骨干粮库为主体，对粮食收储资产资源进行整合，组建公司制、股份制国有粮食企业，主要承担粮食储备、政府调控和市场化收购任务。以资本为纽带，打破地域和企业层级限制，促进各地国有粮食企业跨区域重组，打造骨干粮食企业集团，整合优势资产资源，做强做优做大国有粮食企业，使之成为促进粮食产销合作衔接、实施市场化调控的载体和抓手。

2. 稳妥发展混合所有制粮食经济

支持基层国有粮食企业依托现有收储网点，发挥仓储设施和技术人才优势，主动与粮食专业合作社、种粮大户、家庭农场等新型农业经营主体合作，成立粮食产后服务经营体，实行优粮优价和互利共赢。鼓励粮食产业化龙头企业、新型粮食生产经营主体等多元市场主体参与国有粮食企业改革。稳妥发展混合所有制粮食经济，完善公司法人治理结构，提高了企业活力和市场竞争力，放大了国有资本功能。

3. 建立健全现代企业制度

把加强党对国有企业的领导和完善公司治理统一起来，指导企业完善公司章程，充分发挥党组织的领导核心和政治核心作用，加强董事会建设，明确企业"三会一层"职责权限和运行制度，改革企业人事、劳动、分配制度，初步建立起激励和制衡并重的法人治理机制，在粮食库存处于最高时期的情况下，促进了安全储粮和安全生产，确保了国有资产保值增值。自2007年起，国有粮食企业连续11年统算盈利。

4. 大力发展粮食产业经济

支持基层国有粮食企业积极参与"优质粮食工程"建设，鼓励企业充分发挥仓储和市场渠道优势，组建粮食产后服务中心，为新型粮食生产经营主体和种粮农民提供粮食代清理、代干燥、代储存、代加工、代销售等服务，有利于解决粮食产后储存难题，同时也增加了经营收益。鼓励骨干国有粮食企业向产业链上下游延伸，与各类市场主体构建多种形式的粮食产业联盟，实现优势互补。

（二）进一步推进改革的措施

以习近平新时代中国特色社会主义思想为指导，全面落实党中央、国务院关于深化国有企业改革的决策部署，适应深入推进农业供给侧结构性改革和深化粮食收储制度改革的形势要求，以提高国有资本运行效率、激发企业活力为中心，以增强企业市场化经营能力为重点，大力推进国有粮食企业改革发展。

一是，激发企业内生动力。完善法人治理结构，加强董事会建设，建立健全决策执行监督机制。稳妥发展混合所有制粮食经济，鼓励非国有资本参与企业改革。

二是，增强市场化经营能力。转变思想观念，转换经营机制，加强企业内部管理。加快培育一批跨区域、多元化、规模化的粮食产业化龙头企业，建立市场化粮食产销协作机制。

三是，培育骨干企业。建立健全"一县一企、一企多点"一体化网络。鼓励依托地方储备粮承储库、物流中心，采取合并、划转、兼并等方式，重组整合企业资产资源，培育一批骨干企业。

四是，发展粮食产业经济。鼓励粮食全产业链经营，发展"产购储加销"一体化模式。支持企业积极参与"优质粮食工程"建设，支持企业参与国家现代粮食产业发展示范园区（基地）、主食产业化工程、粮食仓储物流重点工程建设。

五是，切实加强党的领导。强化党对企业的领导，发挥党组织把方向、管大局、保落实的重要作用。坚持党管干部原则和发挥市场机制作用相结合，建设高素质企业领导人员队伍。加强企业基层党组织建设。

专栏 粮食行业深化改革转型发展大讨论

全国粮食行业"深化改革转型发展"大讨论活动自 2017 年 7 月开展以来,各级粮食部门自上而下,紧扣活动主题,强化组织领导,狠抓落实落地,广泛发动宣传,深入调查研究,大讨论活动开局良好、进展顺利,至 2017 年底取得了阶段性成效。

(一)大讨论活动工作开展基本情况

国家粮食局成立以局长张务锋为组长,其他局领导为副组长的大讨论活动领导小组,下设领导小组办公室,制定活动实施方案,指导各地开展大讨论活动。活动开展半年来,张务锋局长先后 15 次专门对大讨论活动作出批示,要求把学习贯彻党的十九大精神作为大讨论活动的根本出发点和落脚点,加强领导,强化调度,在粮食行业组织大学习、开展大调研、深化大讨论。

1. 在学懂弄通上下功夫,组织全国粮食行业开展大学习

一是,组织辅导讲座。先后举办四期"全国粮食流通改革发展论坛":邀请中央宣讲团成员、国务院发展研究中心副主任王一鸣同志,以"学习宣传贯彻党的十九大精神"为主题作专题报告会;邀请中央农村工作领导小组办公室主任、中央财经领导小组办公室副主任韩俊,围绕"新形势下全面落实国家粮食安全战略、加快推进粮食供给侧结构性改革"主题,作专题辅导报告;邀请陈锡文、张晓强、岳国君、叶兴庆等 4 位专家围绕"深入学习贯彻党的十九大精神和全面落实

国家粮食安全战略"主题作学术报告辅导会;邀请柏乡粮库尚金锁主任和浙江储备粮管理有限公司黄志军董事长,围绕"加快国有粮食企业改革转型"主题作专题报告。全国粮食行业干部职工近 8000 人次参加报告会,每场报告会都座无虚席。

二是,印发学习材料。组织编辑印发《习近平总书记重要讲话、批示摘编》《党的十九大精神学习材料摘编》等五册学习资料共 2.5 万册,组织全行业干部职工进行深入学习,切实做到学中央精神、明方向大势,真正把思想和行动高度统一到党中央决策部署上来。通过多种学习方式,促使大家更好地解放思想、更新观念,打破思维惯性和路径依赖,为进一步加快粮食行业深化改革、转型发展指明了方向。

2. 在督导督查上下功夫,确保大讨论活动扎实深入开展

一是,召开调度督导会。2017 年 9 月,张务锋局长在山东滨州主持召开由各省(区、市)粮食部门主要负责同志参加的大讨论活动调度督导会,听取工作汇报,对推动大讨论向纵深发展提出要求。

二是,局领导带头督导。张务锋局长专门到北京调研大讨论活动开展情况,徐鸣、曾丽瑛、赵中权、卢景波 4 位局领导结合开展"大快严"行动,分别对广东、黑龙江、陕西、河南等地开展大讨论的情况进行督导,加强对活动的指导。

三是,扎实开展专项督导。活动办成立 5 个

督导组，对上海等 8 个省（市）和局机关 7 个司室单位进行专项督导，实地调研督导 34 个市县粮食管理部门和 32 家企业，召开 31 场专题座谈会，及时发现并纠正存在的问题。

四是，各地认真组织自查。湖北省检查收储库点 1624 个，发现安全隐患 773 个，已整改完成 588 个，追责问责 147 人；新疆区完成库存粮食自查，举报投诉案件同比下降了 43%。通过层层建立督导机制，加强上下联动，有效发挥了督导促进作用。

3. 在宣传引领上下功夫，放大大讨论活动阶段性成果

一是，及时编发简报。积极宣传大讨论阶段性成果，将各地、各单位大讨论活动信息整理编辑，编发了 61 期《粮食工作简报》大讨论活动专刊，并同步上网进行宣传，充分发挥先进典型的示范带动作用，进一步扩大活动的影响力。

二是，加强宣传报道。组织人民日报、新华社等多家中央主流媒体发布"深化改革转型发展"大讨论活动新闻报道；通过在局政府网站开设大讨论专栏、局政务微博、微信等多种渠道，实时更新、登载各类信息上百条；组织中国粮食经济、粮油市场报开设大讨论活动专栏，进行专题深度报道等，强化了"网、刊、报"融合宣传报道。

三是，做好主题征文和合理化建议征集工作。搭建广开言路交流经验的平台，组织广大干部职工积极撰写主题征文和研提政策措施建议，截至目前，共收到征文 1493 篇，合理化建议 1214 条。第一批征文建议整理汇总后，作为全国粮食流通工作会议参考内容使用。

（二）活动中期取得的阶段性成效

各地粮食部门在开展大讨论活动期间，坚持把开展大讨论活动同工作实际紧密结合起来，同落实全国粮食流通工作会议和粮食流通改革发展座谈会部署紧密结合起来，坚持问题导向，认真查找影响粮食行业深化改革、转型发展的突出问题，通过系统学习、座谈交流、深入调研，初步取得了解决实际问题的思路、方法、措施和政策建议。

1. 大讨论活动在全行业引起思想共鸣，得到广大干部职工积极响应

一是，各地政府积极响应。大讨论活动动员会召开后，江苏、广西、云南、上海、西藏、江西、福建、广东、广西等省（区、市）政府分管省领导专门作出批示，要求所属粮食部门充分发挥主动性和创造性，结合实际制定方案，迅速兴起大讨论活动热潮。

二是，粮食部门动作迅速。各地粮食部门认真组织广大干部职工学习张务锋局长在大讨论动员会上的讲话精神，结合工作实际迅即展开大讨论活动各项工作，做到了全员发动，不漏一人。

三是，领导带头取得实效。各省（区）、市粮食局一把手和领导班子成员带头学习、带头研讨、带头调研，起到了很好的带动示范作用，推动大讨论活动向市、县粮食部门和涉粮企事业单位拓展，进一步增强了广大干部职工做好粮食工作的责任感和使命感。通过此次活动，全国粮食行业切实转变了思想观念，强化了责任担当，提升了工作水平，推动了粮食流通工作转型发展。

2. 自觉把党的十九大精神贯穿于大讨论活动全过程，"两结合、两促进"取得实效

一是，学中央精神、明方向大势。甘肃省

召开"学习贯彻党的十九大精神，推动全省粮食行业深化改革转型发展"研讨会，同时收录各级领导干部86篇研讨材料编制文件汇编；科技司采取同样方式组织全体干部职工开展征文工作并将大讨论成果汇编成册；吉林省也将习近平总书记视察吉林时的重要指示等内容编印《吉林省粮食行业"深化改革转型发展"大讨论活动学习材料汇编》，延伸学习内容；河北省组织5次党的十九大精神学习会；四川省开展"喜迎党的十九大"演讲比赛活动；浙江省邀请研究中心主任颜波作"学习宣传贯彻党的十九大精神"专题辅导报告会；人事司组织开展了粮食流通改革发展青年论坛，宣贯党的十九大精神，激励干部职工干事创业、担当有为。

二是，转思想观念、谋改革发展。江苏省开办"金谷大讲堂"，邀请国务院发展研究中心程国强研究员作"粮食制度变革与产业重塑"专题报告会；河南省邀请郑州大学郑建华教授围绕"互联网＋科技创新"主题作专题讨论；粮科院召开"改革发展战略规划"专题研讨会，围绕推进粮科院体制机制改革重大问题进行座谈交流；湖南省分别邀请国粮局科学研究院院长杜政、研究中心主任颜波作"实施'中国好粮油'""发展粮食产业经济"专题辅导报告会；福建省利用"良友讲坛"平台，开展"转思想观念""强业务能力""树忧患意识"系列研讨；黑龙江省组织开展四次处长大讲堂活动。中航粮贸将2017年定为企业的改革转型年，借大讨论活动以"三个转变"为主题开展宣讲培训。

三是，强责任担当、提工作水平。中粮集团党组书记、董事长赵双连带头深入河南、重庆、新疆等基层企业宣讲督学；西藏区挖掘了林芝市

工布粮油公司通过职工洛桑江村学习日志探寻转型发展道路；山西省开展职工技能大赛和岗位建功劳动竞赛活动，推动职工素质能力提升，还与省委组织部联合组织开展粮食系统领导干部培训；广东省请法律专家为干部职工作专题讲座，讲解行政不作为的具体表现及其后果，增强干部职工法治观念和主动作为意识；规划财务司组织规划解读培训班，落实张务锋局长关于放大规划效应、加强项目建设的指示要求。各地各单位通过举办系列活动，统一了思想认识，实现了有效作为，确保了粮食流通改革转型和大讨论活动正确方向。

3. 以问题导向为抓手深入调研，收获了深化改革转型发展的好点子

一是，领导带队走基层，挖掘干事创业的好点子。国家粮食局领导同志带队到天津等10个省、区、市开展专题调研；河北省局围绕5个专题赴吉林等4省区开展对标活动；安徽省局领导以"深化改革、转型发展、闯出新路"为题深入基层开展大调研；山西省灵活运用大数据分析、专家咨询等手段提高调研质量和效率；陕西省邀请省政府研究室先后5次进行粮食产业发展调研，形成陕西粮食产业发展调研报告。

二是，聚焦矛盾问题，聚力突破发展"瓶颈"约束。湖南省较早启动了稻谷价格形成机制和收储制度改革的研究，实行动态和静态储备结合的储备模式，彻底改革顺价销售僵硬政策，得到中农办原主任陈锡文同志肯定；规划财务司"多渠道筹集粮食市场化收购资金"调研成果以局专报形式上报，得到国务院领导同志圈阅同意；研究中心在落实国家粮食安全战略、完善宏观调控方面，积极推进《粮食行业转型发展战略

研究》《改革开放以来粮食市场波动原因、对策及启示研究》战略性课题研究，在加强政府储备管理、强化粮食流通监管方面，开展了《关于我国合理的粮食库存水平和政府储备规模的建议》《关于国内外粮食转基因现状、政策和我国的对策建议》课题研究；湖北省省政府办公厅专门印发了粮食供给侧结构性改革行动方案，从6个方面提出了深化粮食供给侧结构性改革的18项具体措施。

三是，强化合作共赢，推动粮食行业转型发展。交易中心与光大银行组成联合调研组，研发符合平台交易需求的新型融资产品，探索帮助中小粮食企业解决"融资难""融资贵"等问题的措施办法；新疆区与研究中心合作开展"'丝绸之路'经济带建设背景下提升新疆粮食安全保障能力的政策研究"，研究成果已转化为提交自治区党委、政府的改革建议；中粮集团按照"市场化、专业化、一体化"要求，围绕加速构建大销售、大采购、大物流的农粮购销平台进行了广泛而深入的研究讨论。通过多渠道、多层面、多角度了解基层情况，挖掘了一批好经验好做法，充分发挥基层粮食部门、企事业和广大干部职工在大讨论中的主体作用。

4. 粮食行业转型发展模式不断丰富，推动粮食产业加快转型升级

一是，优化发展模式。江苏省"多措并举推动粮食去库存""发展粮食共同担保基金""履行对国有粮食企业出资人职责"进入国家粮食局亮点工作清单；陕西省实施大集团、大品牌战略，设立百亿元粮农产业发展基金；山西省探索依托储备库和基层粮站建立"产购储加销"全产业链新模式。

二是，整合行业资源。宁夏区优化产业发展方式，组建宁夏大米产业联盟，实现企业增效、农民增收；西藏区整合西藏金谷集团、西藏西农集团等18家国有企业，组建西藏农牧产业投资集团有限公司；广西区加快推进国有粮食企业改革和"僵尸企业"出清重组；安徽省国有粮食购销企业户数从2016年初的466户整合到287户。

三是，加强协同合作。贵州省深入推进"引粮入黔"，与河北、黑龙江等粮食主产省签订的战略合作协议解决输入性平衡保障问题。通过围绕产业抓经济、突出改革抓创新、服务企业抓环境，全面提升粮食流通现代化水平。

5. 加快实施"中国好粮油"行动计划，建设一批新型粮食物流产业园区，培育一批优质特色的粮食品牌

一是，"中国好粮油"行动计划顺利实施。粮科院完成12项"中国好粮油"标准修订工作；黑龙江省组织开展了"黑龙江好粮油中国行"专项营销行动；辽宁省争取财政资金9320万元保障"中国好粮油行动"实施；新疆区安排专项资金1000万元择优支持了优质粮食工程等17个项目。

二是，地方粮食物流园建设取得新的进展。北京市按照国家级粮食物流园区的标准，推进黄骅港、天津港等物流节点建设；广西区投资70亿元推进广西（中国—东盟）粮食物流园区建设；云南省争取基础设施建设资金4亿元实施10个粮食物流和仓储建设；甘肃省规划投资30多亿元，建造10个板块功能的现代化粮食产业园区；中粮粮谷建设粮食服务综合产业园。

三是，各地涌现出一批叫得响的粮食品牌。陕西省大力培育陕北杂粮、陕南富硒大米和黑

米等特色农产品；北京市积极打造"古船""绿宝"品牌；江苏省创建"苏米"品牌，新增57家粮油企业进入评审程序；贵州省与科技公司合作研发特色粮油创新产品；湖北省培育打造"湖北粮、荆楚味"品牌；山西省实施"山西小米"品牌建设，省长办公会专题研究"2017山西好粮油"行动；广西区积极打造"广西香米"区域公用品牌。通过大力实施优质粮食工程，促进企业增效，带动农民增收，推动大讨论活动深入开展。

6. 推动粮食信息资源共享、数据互通，粮食信息化建设取得初步成效

一是，粮食信息化平台初成规模。北京市建立"政府—企业—网点"三级联动的信息监测网络，全面准确掌握市场行情；江苏省组织开发了国内首款农户售粮服务APP——"满意苏粮"，实现了数据在线共享、实时传送，极大地提高了执法效率。

二是，粮食信息化平台初见成效。国家粮食局交易协调中心通过平台累计成交国家政策性粮油5644万吨，成交金额991亿元；辽宁省粮食发展集团打造东北粮食现货电商交易及物流服务平台；中储粮在南疆地区完成"一卡通"建设，收购国家临储小麦143万吨，远程支付收购资金累计33.5亿元。

三是，粮食信息化平台实现互通。浙江省省级粮食管理平台、省级储备粮业务管理系统开发完成并投入运行，实现了省、市、县互联互通。辽宁省编制了《2017年粮安工程粮库智能化升级改造建设方案》，计划在2018年底前初步建成1个省级粮食管理平台、1个东北粮网电商平台、1个智能化仓储物流中心等，并完成126家储备粮承储企业智能化升级改造，项目总投资累计2.5亿元；新疆区借助国粮局统计直报系统实现全区521家入统企业全部网上直报。通过建设集交易、物流、金融、服务于一体的信息化智能化平台，拓宽粮食营销渠道，提高供给效率，更好地服务国家粮食宏观调控。

第八部分
粮食科研与人才发展

一 粮油标准化

2017年粮油标准化工作紧紧围绕国家标准化改革和行业重点工作，奋发有为，机制有创新，标准有重点，宣贯有亮点，会检有特点。全行业标准化意识和自觉性不断加强，对行业发展和重点工作的支撑引领作用充分体现，成为粮食供给侧结构性改革、实现7个突破的重要抓手。

（一）认真执行政策性粮食收购质价政策，确保政策性粮食收购顺利进行

2017年4月，国家粮食局会同有关部门印发《关于做好2017年小麦稻谷和油菜籽收购工作的通知》，要求有关省份和中储粮集团公司要严格执行小麦、稻谷国家标准、食品安全标准和《关于执行粮油质量国家标准有关问题的规定》（国粮发〔2010〕178号），做到价格上榜、标准上墙、样品上柜，切实增强为农服务意识，积极开展便民服务。按照文件要求，组织完成了2017年粮食质量会检以及相关质量调查和品质测报工作，覆盖全国19个省150个市700多个县（区），以各级粮食检验机构为依托的质量会检、调查和品质测报工作，要求各省级粮食行政管理部门密切关注、跟踪本地区可能出现的异常气候和严重病虫害等情况，尤其是在粮食收获后、收购前的质量变化情况。对于范围较广、影响粮食正常收购的情况，要及时组织开展针对性采样检验专项研究，迅速摸清发生原因，并提出应对措施和处置建议。

（二）积极开展标准制修订工作，不断完善粮油标准体系

1. 做好标准制修订工作

2017年，国家粮食局下达行业标准制修订计划82项；组织审定国家和行业标准82项；发布国家标准和行业标准111项，涉及粮食产品质量、信息化、检验方法等多个方面。其中，《碎米》和《大米粒型分类判定》标准对规范大米进口发挥了积极作用；优质粮食工程建设配套标准和"中国好粮油"系列标准推动了优质粮油基地建设，促进了粮油产品提质升级，有效提升了优质粮油产地和企业品牌的影响力，引导粮油健康消费；信息化系列标准规范了粮食行业信息化建设，为实现全行业互联互通奠定基础。

2. 做好粮油标准贯彻实施工作

2017年，完成了《稻谷》《小麦》《玉米》《大豆》《油菜籽》等5项国家标准视频宣传片制作，在国家粮食局和各省级粮食行政管理部门网站上发布，帮助社会公众、粮食企业和粮食从业人员正确理解、使用标准，被列为2017年世界标准日，国务院标准化协调推进部际联席会议成员单位活动之一。

3. 推进地方粮食标准体系建设

近年来，各省高度重视粮油标准对地方经济的促进作用。2017年，国家粮食局多次

选派专家，赴吉林、黑龙江、湖北、云南等省，全力支持地方粮食标准体系建设，为打造吉林大米、黑龙江绿色生态产区、湖北优质品牌、云南特色粮油等出谋划策，提供技术指导。其中"吉林大米""黑龙江好粮油"等系列标准都得到了广泛应用。

（三）贯彻落实国务院《深化标准化工作改革方案》，推进粮油标准化工作改革

2017 年是标准化改革的关键一年，粮食行业按照国务院标准化改革要求，以改革促完善、促发展，不断强化标准化工作基础性、战略性地位，强化对行业发展的引领和支撑作用。一是，推进行业标准向社会免费公开。按照国家标准委《推进国家标准公开工作实施方案》的总体要求，10 月 14 日世界标准日，国家粮食局免费公开第一批现行粮食行业标准，公众可通过国家粮食局政府网在线查询、浏览标准文本全文。截至目前，已公开粮食行业标准 215 项。自行业标准公开后，要求获得标准文本的政府信息公开申请减少了 30%。二是，启动团体标准试点。为充分释放市场活力，满足粮食产业转型发展需要，推荐中国粮油学会申报国家标准委组织的第二批团体标准试点，围绕粮食科技进步、技术创新、产业发展制定团体标准。三是，改革标准化专业委员会运行机制。充分发挥分技术委员会的作用，实行标准审定大委员会（TC）和分委员会 (SC) 相结合模式，由大委员会审定急需和重点标准，由分委员会审定其他标准，提高工作效率。优化标准立项和审批流程，建立特殊标准的"绿色"通道，对行业急需的标准启动快速程序，加快立项审批速度。

（四）进一步开展标准研究验证和后评估工作，为粮食质量安全把关提供技术手段

近几年，受厄尔尼诺现象影响，夏收小麦省份在小麦灌浆期和收获期普遍遭受连续降雨天气，小麦整体质量下降，不完善粒超标较为严重，主要是生芽粒较多。在《小麦》标准实施过程中，检验人员、检验机构对生芽粒的检验尺度存在明显争议。为统一检验尺度，正确执行小麦质量标准，确保检验结果准确公平，防止损害农民利益，2017 年，国家粮食局组织对《小麦》标准进行研究评估，修订了国家标准《小麦》中生芽粒的定义，并以修改单的方式报国家标准委审批。

同时，还组织了一批大学、科研和质检机构开展粮食农药、真菌毒素、重金属和化学污染物快检技术研究，弥补农药残留快检技术缺失问题，加强快检仪器设备和方法的标准适用性验证，提高标准技术水平，更好服务于粮食质量安全监管。

（五）粮油标准国际化水平实现新提高

2017 年，国家粮食局围绕加快推动粮食行业深化改革转型发展，积极谋划、认真履责，成功举办 ISO 谷物与豆类分委员会第 39 次年会，稳步推进谷物和豆类国际标准制修订工作，积极参与国际标准化活动，粮油国际标准化工作水平得到进一步提升。

1. 成功举办 ISO 谷物与豆类分委员会第 39 次年会

10 月，国家粮食局在杭州举办国际标

准化组织谷物与豆类分委员会（ISO/TC34/SC4）第 39 次年会，中国提出的大豆规格、水浸悬浮法测定玉米水分、谷物中 16 种真菌毒素的测定、谷物中重金属镉的快速测定、转基因粮食扦样等 5 项新提案和《高粱中单宁的测定》国际标准修改建议获得高度认可，为完善谷物与豆类国际标准体系作出新贡献。

2. 稳步推进谷物与豆类国际标准制修订工作

作为 ISO/TC34/SC4 秘书处承担单位，国家粮食局按照 ISO 技术工作导则要求，积极与各成员国和联络组织开展合作，稳步推进标准制修订工作，2017 年共发布工作文件 62 项，发布国际标准 2 项，管理标准制修订项目 17 项，复审标准 19 项，成立谷物水分测定工作组。中国牵头制定的《玉米 规格》和《谷物及制品中赭曲霉毒素 A 的测定》国际标准项目顺利通过询问阶段投票，准备提交最终国际标准草案。

3. 认真履行 ISO 动植物油脂分委员会成员职责

作为动植物油脂分委员会（ISO/TC34/SC11）的国内技术对口单位，积极组织国内粮食行业和质检行业专家跟踪研究标准制修订技术文件，跟踪国际标准化发展趋势和工作动态，及时对有关技术内容进行调研和验证，提出相关意见，全年共完成 27 项投票和评议。首次派员参加 SC11 第 26 次年会。

二 粮食信息化

2017 年，行业信息化建设突出"敢于担当、善谋实干"，围绕国家粮食管理平台建设、行业建设指导，以及整合共享互联互通等重点任务和薄弱环节，奋进发力，取得阶段性成效。各省级粮食局以粮库智能化升级改造项目为契机，积极推进信息化建设工作，取得新成果新亮点。

（一）积极推动粮食行业信息化建设取得明显进展

为认真贯彻落实党中央、国务院关于信息化工作的部署，推进粮食行业信息化尽快取得突破性进展和明显成效，实现全行业信息资源共享、数据互联互通，有力支撑粮食精准调控和科学决策，2017 年 8 月，国家粮食局决定成立局信息化工作领导小组，下设信息化推进办公室，具体负责粮食行业信息化建设工作指导、国家粮食管理平台建设以及与有关部门和地方、企业互联互通等信息化工作，抽调相关单位人员集中办公，全力推进行业信息化建设。

1. 国家粮食管理平台（一期）建设迈出实质步伐

一是，建设方案得到优化，形成了《国家粮食管理平台优化方案》，整合了现有信息资源，统筹在建、拟建信息化项目，重点打造智能决策、可视化中心、数据中心等应用功能，使平台建设目标更明确，重点更突出，路径更务实，投资更集约，技术选型更合理，平台对业务，特别是对粮食宏观调控、科学决策分析的支撑功能更加强大。二是，一期项目进入实施阶段。28 个标段全面启动，执法督查局的粮食安全省长责任制考核系统、粮食行业"双随机"抽查名录库和 12325 全国粮食流通监管热线、杂志社的宣传平台等信息系统也顺利实施，并已做好与国家平台技术对接的准备。三是，二期项目纳入"智慧发改"规划。

2.政务信息系统整合共享进展顺利

一是，加强了管理统筹。认真贯彻落实《国务院办公厅关于印发政务信息系统整合共享实施方案的通知》（国办发〔2017〕39 号）要求，制定了《国家粮食局政务信息系统整合共享工作方案》，召开了全局政务信息系统整合共享工作推进会，督导各司局单位落实相关要求。二是，摸清了全局底数。全面排查全局各司局、直属联系事业单位软硬件资源，对全局 34 个政务信息系统、203 台硬件设备提出整合共享方案，并在国家粮食管理平台优化方案中予以落实。三是，编制了国家粮食局政务信息资源目录。全面梳理全局政务信息数据，组织编制了国家粮食局首批非涉密政务信息资源目录和数据清单。四是，整合现有政务信息系统。对 33 个分散、独立的信息系统进行整合，搭建统一的门户单点登录，实现局内信息系统"网络通、数据通、业务通"。

3.强化对行业信息化建设指导工作

一是，规范了建设技术标准。印发了省级粮食管理平台、粮库信息化建设的技术指引和验收规范等 4 个文件，制定了政策性粮食收购数据交换规范。

二是，分类指导地方项目建设。制定印发了《国家粮食局关于加快推进粮食行业信息化建设的意见》，进一步明确行业信息化建设要求。按照各省不同进展情况，组织召开了 3 次座谈会，并赴个别省份深入调研，提出针对性指导意见。

（二）各省粮食信息化建设速度明显加快

2017 年，各省粮食信息化建设工作增速明显，在财政资金的支持下，省级平台和智能粮库建设不断取得新进展。

1.成立专班加强组织领导

大多数省份粮食局充分认识和发挥信息化对粮食工作的推动作用，利用新一轮粮库智能化升级改造大规模项目建设的契机，全面建设本省信息化主干框架。分别成立以省局主要领导为组长的领导小组，健全机制和制度，统筹推进各项工作。

2.积极争取地方财政配套支持

各地充分利用项目建设政策要求，积极协调财政、发展改革等部门，争取地方财政配套资金，充分调动企业积极性，2017 年度北京、天津等 13 个省份"粮安工程"粮库智能化升级改造项目资金中央财政补助资金达 10.596 亿元，2015~2017 年 30 个省份共争取中央财政补助资金 31.5 亿元。

3.强化顶层设计，构建全省"一张网"

《国家粮食局关于加快推进粮食行业信息化建设的意见》（国粮办发〔2017〕244 号）印发后，各省结合实际，出台建设实施方案，以省级平台为中心，智能化粮库为信息点，建设互联互通的全省信息网络。贵州、黑龙江等省份还增加了粮食交易中心、电子商务信息平台、粮食加工企业、粮食应急配送中心等信息化应用系统。

4. 建设项目取得初步阶段性成果

28个省级平台项目已开工建设，辽宁、江苏、浙江、安徽、山东、河南、湖北、青海等8省已率先完成一期平台建设，占全部省份的27%；粮库升级改造项目已完成和开工建设的1546个，开工建设率25%。江苏省建设进度较快，项目完成率为84%。

5. 创新建设管理模式和方式

辽宁、江苏、安徽、山东、湖北、湖南、广东、广西、四川、云南、陕西、甘肃、青海、宁夏等14个省（区）采取"五统一"（统一规划、统一设计、统一软件开发、统一标准、统一财政评审）的整体建设方式，努力实现了"即建、即联、即通、即共享"。山西、内蒙古、辽宁、江苏、浙江、安徽、山东、湖北、上海、江西、河南、广东、四川、贵州、陕西、青海、宁夏等17个省（区）采用云架构进行省级平台建设，其中，浙江、山东、贵州、山西、内蒙古、上海、广东、四川、宁夏等9个省（区）级平台直接部署在本省电子政务云。黑龙江、江苏、安徽、山东、上海、江西、四川、西藏、青海等9个省（区）正在建设省内视频会议系统，实现从省到市县的全覆盖。安徽开展中储粮"一卡通"政策性粮食收购数据共享交换对接扩大试点取得成功。山西省创新建设方式，采用"以租代建"的方式进行项目建设。

6. 狠抓项目规范管理，防范廉政风险

多数省份出台了智能化粮库升级改造指导意见、建设技术规范、施工规范、项目管理办法、廉政风险防控制度、建设资金管理暂行等技术规范和规章制度，保证了项目建设的技术水平和管理有序高效，防范了廉政风险。

（三）存在问题及展望

2017年行业信息化建设增速明显，在取得一定成绩的同时，也存在地方项目建设进展不平衡、覆盖面不全、信息化人才匮乏、信息化产品化比例较低等突出问题。如东部及部分省份进展较快，其他省份动作迟缓，甚至尚未招标；信息化系统不能覆盖所有政策性业务粮库，以单仓信息化代替全库信息化；定制化开发比例过高，可复用性较差；顶层设计不充分或执行不到位等。2018年，粮食行业信息化将重点补短板、强弱项，加强统筹、协同推进，重点实现以下任务。

1. 国家粮食和物资储备管理平台取得初步成效

国家粮食和物资储备管理平台一期工程将于2018年6月初步建成，数据资源中心发挥行业大数据中心基础性作用，政务服务系统、核心业务系统辅助行业行政管理，政务服务窗口实现线上线下融合，提升行业服务能力。智能决策实现人工智能辅助决策，在形势总览、政策研判、重大效果分析、重大数据会商中取得初步成果。平台二期建设融入"智慧发改"项目统筹推进，与一期项目无缝接续开展。

2. 各省级平台及粮库建设初步完成

国家局将进一步加强对地方信息化的指导，加强省际信息化建设交流，发挥示范带动

作用。各省要普遍加强信息化建设的统一领导和建设力度，三批粮库智能化升级改造项目加速推进，2018年底各省平台初步建成，粮库信息化建设全面铺开并大部分完成。行业信息化的基础进一步夯实。

3. 行业互联互通、资源整合架构形成

2018年行业互联互通将取得突破性进展，"数据孤岛""数据烟囱"现象将得到彻底改变，"网络通、数据通、业务通"初步实现，政务信息系统整合共享向行业纵深发展，全行业统一、开放、集约、共享的网络体系初步形成，各类上下贯通、左右互通型的业务系统具备条件，行业信息化整体水平进一步提升的动能得到释放。

4. 云计算、大数据及人工智能在行业应用进一步深化

在2017年试点的基础上，云计算、大数据及人工智能等信息化新技术在行业的深度应用将全面展开。国家平台将率先示范，充分利用可靠云资源开展平台搭建，加速形成国家粮食和物资储备数据中心，推动大数据和人工智能在辅助精准决策中的全面应用。各省根据自身情况，将有侧重地开展新技术应用试点示范，加速省级数据的集中，强化数据资源应用，围绕提高粮食和物资储备管理部门履职能力、强化行业服务，形成多元化的发展态势。

三　粮食科研发展

（一）粮食科技发展与创新

2017年粮食科技工作全面贯彻党的十九大精神，落实创新驱动发展战略，深入实施"科技兴粮"，按照中央科技计划管理体制改革要求，不断推进科技成果转化创新机制，努力提高粮食科技自主创新能力，深入转换职能。

1. 编制科技兴粮实施意见，以改革激发创新活力

为认真贯彻党的十九大报告提出"贯彻新发展理念，建设现代化经济体系""深化供给侧结构性改革""加快建设创新型国家""实施乡村振兴战略"和坚定实施创新驱动发展战略等一系列战略部署，落实党的十八大以来，党中央、国务院出台的创新驱动发展战略布局、建设创新体系、财政科技计划改革、推进科技成果转化、激发科技人才创业创新积极性等一系列指导、促进、激励科技创新的政策措施，按照《国务院办公厅关于加快推进农业供给侧结构性改革大力发展粮食产业经济的意见》（国办发〔2017〕78号）文件要求，努力破解当前粮食科技与经济融合程度不高、行业科技创新能力不强、科技创新服务与实际需求差距较大、青年领军人才

尚未脱颖而出等不足和问题，经过认真研究，形成《关于"科技兴粮"的实施意见》。

2. 2017年粮食科技活动周宣传活动成功举办

2017年联合中国科协、食药监总局、全国妇联等部门成功举办粮食科技活动周。在粮食主产区安徽、加工业集中区河南、主销区广东等三地同时启动宣传活动，并在南京、长沙设立企业会场，重点围绕科技助推粮食供给侧结构性改革，聚焦"中国好粮油行动"，开展科技推广、成果对接、知识普及等专场活动。组织开展粮食科技进村入户活动，累计举办粮农专题讲座10余次，授赠储粮保粮新设备250多台套。组织粮食科技创新重要成果展，集中推介了60余家科研机构和企业的300多项粮食科技创新成果。组织粮食科研人才、机构、成果与企业进行科技"三对接"，为科研与市场搭建良好沟通平台，共有100多家企业、1500多人次参加，现场签订42项技术合作协议，实现成果转化效益3.2亿元。"中国好粮油行动"计划论坛吸引近千人次参加，行业反响热烈。组织地方名特优粮油产品展，宣传介绍品质高、营养好的粮油产品，展出知名粮油品牌近300个。编印了大米、面粉、植物油、杂粮、豆制品等8类科普手册，内容通俗易懂、喜闻乐见，各地活动现场累计发放约10万册。活动受到地方政府、粮食企业、科研机构和广大消费者的广泛欢迎和好评，刘延东副总理肯定了粮食科技活动周活动。

3. 配合国家科技计划改革工作，推荐行业团队承担国家科技计划

一是，国家重点研发计划"现代食品加工及粮食收储运技术与装备"重点专项2016年项目任务稳步推进。"大宗油料适度加工与综合利用技术及智能装备研发与示范"项目，以大豆、油菜籽、花生等大宗油料为研究对象，研发与集成配套符合精准适度加工的新技术、新工艺和新装备，提升油料加工水平。"粮食收储保质降耗关键技术研究与装备开发"项目聚焦稻谷变温干燥、通风及水分控制、保质保鲜控温储粮、虫霉综合防治、简易仓囤储粮等新工艺和技术，变温干燥、射频杀虫、智能通风等新装备，有力控制稻谷保鲜储藏损耗。"现代粮仓绿色储粮科技示范工程"项目开发平房仓气密隔热新材料、新工艺、新结构，提升仓房围护结构的储粮性能，开发偏高水分粮入仓安全处置技术，并在中央和地方粮库示范横向通风等技术。

二是，国家重点研发计划"现代食品加工及粮食收储运技术与装备"重点专项2017年粮食领域项目启动实施。国家粮食局科学研究院牵头的"粮情监测监管云平台关键技术研究及装备开发"项目，中粮工程科技（郑州）有限公司牵头承担的"粮食产后'全程不落地'技术模式示范工程"项目，以及中粮营养健康研究院有限公司牵头的"特殊保障食品制造关键技术研究及新产品创制"和"传统杂粮加工关键新技术装备研究及示范"等4个申报团队，获得项目承担资格，研究工作已全面启动。

三是，推荐团队竞争承担国家重点研发计划"现代食品加工及粮食收储运技术与装备"重点专项2018年粮食类项目。分别为中粮佳悦（天津）有限公司牵头"特色油料适度加工与综合利用技术及智能装备研发与示范"项目、郑州中粮科研设计院有限公司牵头申报"'北粮南运'散粮集装箱高效保质运输及物流信息追溯技术示范工程"项目、西安中粮工程研究设计院有限公司牵头申报"智能农机装备"专项的"农特产品低损清洁技术装备研发"项目。

四是，推荐团队竞争承担国家重点研发计划"食品安全关键技术研发"重点专项2018年项目。分别为"粮油食品供应链危害物识别与防控技术研究"项目、"食品中生物源危害物阻控技术及其安全性评价"和"食品腐败变质以及霉变环境影响因素的智能化实时监测预警技术研究"项目。

4. 粮食科技项目管理服务科技创新

一是，完成国家科技计划项目督导评估。按照《粮食公益性行业科研专项经费管理暂行办法》和《粮食科技在研项目督导评估管理办法》，包括1个国家科技支撑计划项目和6项公益性行业科研专项项目在内的7个粮食领域国家科技计划项目接受了督导检查。

二是，启动国家科技计划项目验收。组织2013年粮食公益性行业科研专项40余项任务完成验收工作，并启动12个项目的整体验收工作。国家软科学研究计划项目顺利完成验收，"中国粮食立法疑难问题研究"等5个国家软科学研究计划项目，均达到了《任务书》规定考核指标的要求，研究成果为粮食法、粮食规划纲要编制提供了支持。

三是，科研项目取得阶段性丰硕成果。粮食公益性行业科研专项已获得知识产权类成果130余件，基地及生产线等70余个（条）等。"粮堆多场耦合模型调控与区域标准化应用研究"项目，初步构建了小麦粮堆压力场模型和粮堆温度场、湿度场及微气流场耦合传递过程数学模型，开发出多套多参数粮情检测设备，搭建了多场耦合粮情分析服务平台，开发出密肋复合墙体结构的平房仓。"我国储粮虫螨区系调查与虫情监测预报技术研究"项目，摸清了我国储粮虫螨种类、分布及发生发展规律，研发多种数据采集终端，初步建立监测与远程专家咨询决策系统，并搭建数据与防治策略、用户应用的服务平台。"粮食产后损失浪费调查及评估技术研究"项目，开发出粮食产后损失浪费调查评估的核算方法体系，建立了主要粮食品种收获环节粮食损失数据库，获得部分品种的损失率，完成粮食储藏、运输、干燥环节（包括农户和粮库）损失浪费调查方案、调查问卷与操作手册；构建了《粮食加工环节损失浪费》数据库，形成《粮油产品（米面类）消费者认知调查研究》等研究报告，完成了销售环节粮食损耗的调查研究、数据录入、数据库构建、数据分析、软件平台的开发。开展农村家庭、部分城镇家庭、居民外出就餐以及大学生食堂的食物浪费等调研工作，形成了系列研究报告。建立粮食产后损失浪费调查评估信息平台，开发了"国家爱粮节粮网"等4个科普宣传平台。

5.粮食科技创新体系建设取得新进展

一是,国家粮食产业科技创新联盟成立。由国家粮食局科学研究院、西王集团、香驰控股、山东渤海实业、山东三星集团、滨州中裕食品有限公司等单位共同发起的"国家粮食产业科技创新(滨州)联盟"于2017年9月8日成立,该联盟致力于粮食产业科技创新和发展,聚焦粮食产业核心技术和装备,通过粮食科技创新成果转化,推动粮食产业转型升级,发挥"孵化器"和"助推器"的作用。粮食产业科技创新联盟已正式运行,开展了科技合作高端对接签约活动,科研机构主动与企业对接,形成科技创新合作项目20余项,产学研融合进一步深化。

二是,国家粮食局重点实验室通过评估。"国家粮食局粮食储藏重点实验室""国家粮食局粮油生物技术重点实验室"和"国家粮食局粮油质量安全重点实验室"等3个局重点实验室顺利完成评估工作,充分发挥聚集创新资源、促进学科交叉的优势,通过以评促建,进一步强化粮食创新平台在技术研发、人才培养、成果转化的重要作用。

三是,粮食储运国家工程实验室建设任务基本完成。该储运工程实验室承担了多项国家科技计划和行业科技创新任务,有效发挥了创新服务产业发展的作用。

6.获得多项科技奖励

一是,荣获2项国家科技进步奖。由江苏牧羊控股有限公司牵头的"大型智能化饲料加工装备的创制与产业化"和江南大学牵头的"两百种重要危害因子单克隆抗体制备及食品安全快速检测技术与应用"项目,均聚焦国计民生,突出粮食行业专业特色,技术经济效益显著,经国家科学技术奖励工作办公室组织专家评审,获得国家科技进步二等奖。

二是,获得2项国家专利奖。哈尔滨北仓粮食仓储工程设备有限公司报送的"气密保温钢板筒仓及其制造方法"和江南大学报送的"一种人乳脂替代品的制备方法"获得中国专利优秀奖。

7.大力推进粮食科技体制改革

根据科技部、教育部等7部门《关于确定"扩大高校和科研院所自主权,赋予创新领军人才更大人财物支配权、技术路线决定权"试点单位名单并组织编写试点实施方案的通知》(国科办政〔2017〕75号)要求,编制形成了试点实施方案。方案按照党中央、国务院关于深化科技体制改革的总体部署和具体要求,以充分调动科研人员积极性、创造性,激发创新创业活力,建设世界一流科研院所为目标,聚焦机构治理结构和运行机制、机构和领导人员的目标责任、干部管理方式、收入分配方式、科研管理方式、领军人才自主权等六个方面,通过健全制度体系、实施目标管理机制、创新人才管理模式、探索灵活分配方式、完善监督措施等试点方案,通过深入推进落实国家科技政策措施,以期实现院所高效管理、科技创新动力增强、更好发挥服务国家粮食安全、支撑粮食产业经济发展的作用。

(二)重点课题调研

为认真贯彻落实习近平总书记关于大兴

调研之风的重要指示精神，国家粮食局印发了《关于大兴调研之风健全完善长效机制强力推动粮食流通重点工作的意见》，对深化思想认识、完善长效机制、提高调研质量等提出明确要求。紧紧围绕贯彻落实党中央、国务院重大决策部署，深入实施国家粮食安全战略，推动粮食行业深化改革、转型发展等重点难点问题，先后分3批共下达64个重大调研课题，涵盖粮食宏观调控、收储制度改革、立法修规、产业发展、流通监管、优质粮食工程建设等各项重点工作，形成一批情况总结全面、问题分析到位、建议切实可行的研究成果，有的纳入党中央、国务院决策部署，有的形成行业指导意见，有的丰富了政策储备，较好地发挥了服务决策、指导实践、推动工作的作用。

（三）专家咨询课题

国家粮食安全政策专家咨询委员会围绕深化粮食价格形成机制与收储制度改革、政策性粮食去库存、粮食安全战略、"中国好粮油"四个方面，组织开展了"完善稻谷最低收购价政策研究""玉米收储制度改革成效研究""玉米去库存路径研究""稻谷去库存路径研究""低质粮食高值化利用研究""2018~2030年国内外粮食供求关系及前瞻性政策研究""粮食储备制度改革研究""粮食优质优价流通机制研究""全谷物健康食品发展政策研究""全面建成小康社会与食物消费结构变化趋势研究"10项课题研究，将成果摘要报送国家粮食局领导。其中，有的研究报告印发2018年全国粮食流通工作会议参

阅，有的以专报形式上报国务院。

（四）战略性课题研究

2017年3月，根据中央关于粮食流通工作的决策部署和全国粮食流通工作会议精神，国家粮食局确定把"改革开放以来我国粮食市场波动的原因、对策及启示研究"和"加快推进粮食行业转型发展几个重点问题研究"作为2017年粮食战略性课题研究题目，委托中国粮食研究培训中心承担课题研究工作。

"改革开放以来我国粮食市场波动的原因、对策及启示研究"课题以价格波动为主线，以三大谷物品种（小麦、稻谷和玉米）为研究对象，根据粮食价格波动情况，将改革开放40年划分为多个阶段，逐个分析各个阶段波动特征、波动原因及调控措施，从中获得粮食市场调控的启示。通过分析当前和今后一段时期粮食市场调控面临的新形势，提出了创新完善我国粮食市场调控措施的建议，包括探索粮食价格区间调控模式，以及完善粮食生产能力提升体系、调优政府粮食储备体系、建设粮食产业支撑体系、构建新型粮食产销合作体系、健全粮食市场体系以及夯实粮食市场调控的"六大"保障体系。这对更充分发挥政府在开放市场中的作用，平衡推进粮食市场化改革与维护粮食市场稳定、保障粮食安全具有重要意义。

"加快推进粮食行业转型发展几个重点问题研究"课题基于"转变观念是行动先导，转变职能是关键之举，转变方式是主攻方向"的基本理念，着重围绕"粮食部门如何转变管理方式""粮食产业如何转变发展方式""粮

食企业如何转变经营方式"等几个重点问题进行了深化研究，提出要进一步深化对粮食工作新形势新要求新任务的认识，不断增强法治意识、强化市场化观念、提高服务意识以推进思想观念转变；创新完善粮食宏观调控、健全强化粮食流通监管、强化行业指导服务以推进粮食部门管理方式转变；着力优化产业发展方式、发展新模式新业态、推动新旧动能转换、创新有利于增加绿色优质粮食供给的政策体系以推进粮食产业发展方式转变；加快国有粮食企业改革、培育壮大粮食产业化龙头企业、发展具有国际竞争力的大型粮食集团、支持多元主体协同发展以推进粮食企业经营方式转变等加快推进粮食行业深化改革、转型发展的措施建议。

中国粮食研究培训中心在完成初步研究成果后，立即组织专家研讨评审，专家一致认为，研究成果符合立项要求，所提政策建议针对性、指导性及可操作性较强，对于推动粮食流通事业持续健康发展具有较高的参考价值。

（五）软科学课题研究

2017年，为认真落实中央关于大兴调查研究之风的重要精神，按照国家粮食局党组关于统筹开展粮食课题研究的部署要求，国家粮食局软科学评审专家委员会组织各省级粮食行政管理部门、中央粮食企业、涉粮高校和局内各司局单位等粮食系统研究力量，

按照张务锋局长提出的"加快构建粮食流通改革发展的'四梁八柱'"的要求，以"服务大局谋思路、解决难题求突破、推动改革促发展"为目标，紧紧围绕贯彻实施国家粮食安全战略，针对粮食流通改革发展面临的深层次、体制性、结构性矛盾，结合全国及各地粮食工作实际，精准选题，扎实深入开展调查研究，提出切实可行的政策措施建议，形成了一批针对性、创新性、可操作性强的优秀研究成果。经评审，共有21项课题成果荣获2017年度国家粮食局软科学课题研究一、二、三等奖和优秀奖。

（六）自然科技成果评价、奖励及推广

2017年，中国粮油学会继续深入推进以科技奖励为重心、上引科技评价、下推科技成果产业化的粮油科技创新工作链。一是，规范开展科技成果评价工作，共组织专家200余人次，为32项成果进行了成果评价。二是，开展2017年度中国粮油学会科学技术奖评审工作，最终产生获奖项目共26项，其中一等奖6项，二等奖9项，三等奖11项。三是，积极参与"2017年粮食科技活动周"开展的"三对接"活动，组织征集、评选、编印了粮食科技成果、创新团队、科研机构、企业技术难题和需求等多册汇编，并在油脂、储藏、食品等分会的学术年会上对重点成果进行推介，设置交流专场、展览展示等。

专栏 "科技兴粮"

习近平总书记提出创新是引领发展的第一动力，抓创新就是抓发展，谋发展就是谋未来；强调科技创新是提高社会发展力和综合国力的战略支撑，必须摆在国家发展全局的核心位置。要面向世界科技前沿、面向经济主战场、面向国家重大需求，加快各领域科技创新，掌握全球科技竞争先机；强化战略导向，着力攻破关键核心技术，抢占事关长远和全局的科技战略制高点，塑造更多依靠创新驱动、更多发挥先发优势的引领型发展。

"科技兴粮"是贯彻新发展理念，落实国家粮食安全战略、创新驱动发展战略、乡村振兴战略，促进粮食科技与经济融通发展、建设现代化粮食经济体系的系统性工程，对于深化农业供给侧结构性改革，大力发展粮食产业经济，确保国家粮食安全，把中国人的饭碗牢牢端在自己手中，具有十分重要的意义。以战略规划引导前沿方向，以普惠政策营造创新环境，以重大项目汇聚创新要素，着力突破粮食行业发展的"瓶颈"技术问题，充分发挥企业的技术创新主体作用，激发全社会创新活力，为粮食行业高效发展奠定坚实基础。通过着力完善粮食科技创新体系，提升产学研结合的科技创新能力，加快粮食科技成果转化，开展科技创新研发，落实国家激励政策，积极培养科技创新人才，做好政府科技服务工作，为粮食行业高质量发展提供有力支撑。

四 粮食人才发展

（一）粮食行业机构保持稳定，人才队伍规模显著增加

随着各地行政机构改革的不断深化和粮食流通体制改革的稳步推进，行业机构总数略有减少。截至 2017 年末，全国粮食行业机构（包括行政机关、事业单位、经营企业，下同）总数 54679 个，其中：行政机关 2279 个，事业单位 2120 个，粮食经营企业 50280 个（其中，国有及国有控股企业 13868 个，非国有企业 36412 个）。

近年来，粮食行业大力实施"人才兴粮"，深化粮食行业人才发展体制机制改革，吸引大批优秀人才投身粮食行业。截至 2017 年末，全国粮食行业从业人员总数 194.1 万人，较上年增加 2 万人。其中，在岗职工 190.8 万人（长期职工 171.4 万人，临时职工 19.4 万人），占从业人员总数的 98.3%；其他从业人员 3.3 万人。女职工 61 万人，占总人数 31.4%；少数民族 6.5 万人，占总人数 3.3%；中共党员 24.8 万人，占总人数 12.8%。

长期职工中公务员 2.3 万人，占比 1.3%；事业单位管理人员 1.7 万人，占比 1%；企业经营管理人员 27.6 万人，占比 16.1%；专业技术人员 22.7 万人，占比 13.2%；工人 117.1 万人，占比 68.3%。与上一年度相比，公务员、企事业单位管理人员占比均有小幅下降，专业技术人员、工人占比有所增加。

（二）人才队伍结构进一步优化，整体素质有所提升

2017 年末，长期职工中 35 岁及以下人数 59 万人，占比 34.4%，较上年减少 0.1%；36 岁至 45 岁人数 60.1 万人，占比 35.1%，较上年减少 0.3%；46 岁至 54 岁人数 41.8 万人，占比 24.4%，较上年增加 0.2%；55 岁及以上人数 10.4 万人，占比 6.1%，较上年增加 0.2%，年轻职工比例较上年略有下降。

从学历层次上看，长期职工中研究生 1.8 万人，占比 1.1%，较上年增加 0.1%；大学本科 19.4 万人，占比 11.3%，较上年增加 0.6%；大学专科 32.6 万人，占比 19%，较上年增加 0.2%；中专 28.9 万人，占比 16.9%，较上年持平；高中及以下 88.6 万人，占比 51.7%，较上年下降 0.9%。与上年相比，大学本科及以上学历人员占比继续增加，大中专学历人员占比稳中有升，高中及以下学历人员明显下降。

专业技术人员 22.7 万人，高级职称 1.3 万人，占比 5.7%，与上年持平（其中：正高级职称 3913 人，比上年增加 135 人）；中级职称 6 万人，占比 26.4%，比上年增加 0.4%；初级及以下职称 15.4 万人，占比 67.8%，比上年减少 0.5%，专业技术人才队伍规模进一步扩大。

工人队伍中技术工人 40.8 万人，占比 34.8%，比上年增加了 0.5%，技能人才队伍规模持续扩大。其中，高级技师 7797 人，占比 1.9%，较上年增加 0.1%；技师 2.1 万人，占比

5.1%，较上年下降 0.2%；高级工 5.1 万人，占比 12.5%，较上年增加 0.5%；中级工 8.7 万人，占比 21.3%；初级工 24.2 万人，占比 59.3%。

（三）行业教育培训工作力度进一步加大

各级各类单位高度重视培训工作，加强职工理论学习和专业培训，提升职业素养和技能水平。2017 年，全国粮食行业职工培训规模和参训率均有明显提高，全年共举办各类培训班 10 万期次，培训 180.4 万人次，较上年增加近 0.9 万人次；参训率达 39.6%，较上年增加 3.5%。

专栏 "人才兴粮"

（一）着力提升粮食系统党政人才专业素质

围绕深化粮食流通改革，大力发展粮食产业经济工作需要，国家粮食局面向省级粮食行政管理部门举办了 15 期培训班，组织 2263 人次参加行业规划、财会、统计、安全生产、监督检查、质量安全等业务培训。各级粮食行政管理部门和有关中央企业也结合自身工作需要，积极组织开展相应的业务培训，提高干部职工素质能力。

（二）着力扩大高技能人才队伍规模

按照《全国粮食行业技能拔尖人才选拔使用管理实施办法》有关要求，针对粮油仓储、粮油质检、粮食产业等领域，国家粮食局在组织各省级粮食行政管理部门和有关中央企业申报的基础上，经专家评审，选拔确定了第二批全国粮食行业技能拔尖人才 48 人，

支持建立 20 个技能拔尖人才工作室，进一步发挥优秀高技能人才技术攻关、技能创新和传技带徒等方面的重要作用。全年共举办 38 期高级工、技师和高级技师培训，2067 余名高技能人才参加相应的培训研修。

（三）着力建设粮食行业人才培训基地

围绕贯彻落实《国务院办公厅关于加快推进农业供给侧结构性改革大力发展粮食产业经济的意见》（国办发〔2017〕78 号）要求，依托全国粮食行业教育培训基地，有序推进高层次专业技术人才知识更新工作，分别针对粮油加工产业升级、粮油质量安全风险防控专题，举办了 2 期高层次专业技术人才研修班，共有 140 名粮食行业具有高级职称专业技术人才参加研修。

五　粮食行业技能鉴定与职业教育发展

（一）粮食行业技能鉴定

1. 粮食行业培训鉴定质量规模协调推进

大力实施人才兴粮战略，积极培育技能人才，为粮食行业深化改革、转型发展提供强大人才保障和智力支撑。近年来，按照质量、规模协调发展的原则，扎实做好职业技能培训鉴定这项基础性工作。举办全国粮食行业职业技能鉴定质量督导员和考务管理人员培训班，系统学习行业鉴定规章制度和鉴定工作流程，增强质量督导和考务管理工作重要性认识。行业首批鉴定质量督导员40人通过培训、考核，取得人力资源和社会保障部统一核发的鉴定质量督导员证，开启了粮食行业职业技能鉴定持证督导的新气象。组织修订《粮油质量检验员》培训教程，完成了教程修订、统稿、审定、印刷等工作，更新粮油保管员、粮油质量检验员国家题库粮食分库更新理论知识试题18000道、操作技能试题108道，新教程和题库均于9月全国统考时投入使用，满足了行业职业技能鉴定和技能人才培养工作的需要。开展粮食行业职业技能鉴定站质量管理评估，8个鉴定站被评为优秀鉴定站，进一步规范了鉴定管理，提升了鉴定质量，确保了鉴定公正公平。2017年，粮油保管员、粮油质量检验员、制米工、制粉工、制油工等5个职业累计培训鉴定16792人次，鉴定规模创历年新高。

2. 智力援藏和定点帮扶工作取得良好成效

认真落实国家粮食局党组援藏工作要求和《国家粮食局定点帮扶安徽省阜南县实施方案》，组织专家深入藏区调研，确定专人对接定点扶贫单位，制定并落实帮扶工作实施方案，通过赠送培训教材、聘请行业专家、送培训鉴定上门服务等形式，向藏皖两地赠送培训教材1709册，培训鉴定粮油保管员、粮油质量检验员166人，顺利完成年度扶贫攻坚任务，提升了贫困地区和藏区粮食职工的整体素质，促进了贫困地区和少数民族地区的发展稳定。

（二）粮食行业职业教育发展良好

1. 粮食专业建设进一步加强

随着粮食院校行业办学优势的逐渐显露，粮食专业学生就业供不应求，粮食专业建设成为粮食职业教育发展核心问题。为此，全国粮食教育教学指导委员会切实发挥统筹协调职能，组织粮食院校参加教育部《中等职业学校专业目录》修订工作，完善粮食专业设置和专业内容，增强粮食专业的战略基础地位。组织专家编制《职业院校粮食专业教学指导方案》，积极申报教育部《职业学校专业实训教学设施建设标准》项目，加强粮食院校教学基础能力建设，满足当前粮食专业教学需要和粮食行业发展对人才知识技能等素质方面的需求。加快推进《高等职业教育创新发展行动计划（2016~2018年）》项目，组织开展《人才需求预测与教学专业设置指导方案报告》项目研究，剖析和解决粮食行业职业教育教学和专业建设等深层次问题。通过推进粮食专业目录修订、教学指导方案编制、实训设施建设标准研制、人才需要预测等工作，粮食专业建设在顶层设计和基础实施方面得到了加强，为粮食专业长远发展和粮食专业人才培养奠定了扎实基础。

2. 教师实践锻炼活动助推粮食产教深度融合

教师实践锻炼是深化粮食职业教育教学改革的一个重要环节，是推进粮食专业师资水平提升的一项重要举措，是探究粮食人才培养模式的一条有效途径，2017 年组织 40 名粮食职业院校专业教师到企业实践锻炼，整理印制《教师实践锻炼总结汇编》，召开专题会议交流教师实践锻炼经验，以此建立粮食职业院校教师实践锻炼的长效机制，进一步深化产教融合、校企合作，完善产学研用相结合的协同育人模式。

（三）粮食行业职业教育集团稳步发展

1. 粮食职教集团主体结构与运行机制

参与全国粮食行业职业教育集团联盟签约单位共有 8 家粮食职教集团，包括江苏财经职教集团、安徽经济技术职教集团、山东省粮食职教集团、河南省科贸职业教育集团、河南省粮食技工教育集团、云南粮油职业教育集团、新疆粮油食品职教联盟和示范性全国粮食行业职教集团。以上 8 家粮食职教集团均隶属粮食行业，其牵头单位为 7 校 1 企，其中：3 家为高职院校（江苏财经职教集团——江苏财经职业技术学院、安徽经济技术职教集团——安徽粮食工程职业学院、山东省粮食职教集团——山东商务职业学院），4 家为中职学校（河南省科

贸职业教育集团——河南省经济管理学校、河南省粮食技工教育集团——河南经济贸易高级技工学校、云南粮油职业教育集团——云南商务信息工程学校、新疆粮油食品职教联盟——新疆工业经济学校，其中云南粮油职业教育集团是云南省粮食局牵头，依托云南商务信息工程学校组建的），1 家为中央企业（示范性全国粮食行业职教集团——中粮贸易有限公司）。从集团内设部门构成情况看，江苏财经职教集团、山东省粮食职教集团均设置了 6 个部门，机构设置较为完整、合理。

职教集团一般都遵循校企共建共管、资源共享、互惠共赢的基本原则，加强双方人才培养与科研课题、技术项目的合作。如，江苏财经职教集团、山东省粮食职教集团实行理事会制，形成了政行校企相结合、教育链和产业链相融合的工作格局，集团下设的 6 个内设部门和协调机构承担着集团各项决策、执行、协商、考核、监督等日常工作的运行，并配套了集团章程、成员管理、评价与激励、资源共享等规章制度和实施办法。

2. 粮食职教集团规模与分布

8 家粮食职教集团总体规模适中，平均成员单位数量为 74 家，其中企业占 65%，院校占 25%，政府部门和行业组织占 8%，科研机构占 2%。集团"平均年龄"6.5 岁，其中河南科贸职教集团、云南粮油职教集团"资格"最老，均组建于 2009 年。

从职教集团个体规模看，江苏最大，成员单位总数达 135 个；其次为云南，成员单位数量 102 个；第三是山东，成员单位数量 82 个。

从粮食职教集团内院校层次结构看，本科

院校仅占7%，除江苏、山东、新疆各有2~3所本科院校成员单位外，其他多数与集团牵头院校同等层次。

从粮食职教集团（以牵头单位属在地为参考）地域分布看，沿海东部2家，中部3家，南、北、西各1家，分布数量少、不平衡。集团成员单位也以本地和省内居多，集团活动区域相对不大。

3. 粮食职教集团合作方式及运行成效

职教集团合作方式主要是校企合作、校校合作，合作内容主要集中在人才培养、师资培养、课题研究、技术攻关等方面，具体形式比较多样。如创办厂中校、校中厂，建立驻企工作站，开展订单培养，拓展校外实训基地，承办行业企业技能比赛，联合开发校本教材、申报科研课题，加强校企师资人员交流等。

（1）校企合作

一是，人才培养。开展最多的是订单培养，集团内有86个企业与院校签订了订单培养协议，在校内设置了企业冠名班或订单培养班，近三年"订单协议"毕业生达2284人，毕业生就业率始终保持在98%以上，企业对毕业生素质满意度高于95%。其次是现代学徒制人才培养，这种工学交替使得技能传承更加扎实，人才培养效果进一步提升，集团内已有22个企业与学校开展学徒制人才培养，其中山东还有2个入选了省级学徒制试点项目。如山东中裕食品有限公司多年来积极参与集团内院校的职业教育全过程，与学校开展省级现代学徒制试点教学，定期组织大学生技能大赛，为中裕冠名班学院提供企业奖学金，极大地激发了学生的工作积极性，为中裕带来了新的活力。

二是，师资培养。最常见的形式是"请进来"和"走出去"，即校企双方互派师资、师傅到对方开展教学培训或实践锻炼，教师可以获取生产经营知识和操作技能，师傅则能提高教育知识和教学技术，集团内年均互派教学人员达69人次；其次是校企双方通过合作开发精品课程和特色教材，来促进师资队伍整体素质，职教集团开发的精品课程和校本教材累计达200多个；另外，还通过共建双师型工作团队、大师工作室等，来加强师资队伍建设，打造一批技艺精湛、能教会做的职教名师。

三是，项目共建。主要是引企入校或引校入企，已有6家职教集团通过举办"厂中校""校中厂"或"前店后坊"，把生产和实训结合起来，进一步深化产教融合、校企合作，如山东商务职业学院与新浪动漫、烟台国际经济技术合作集团有限公司合作建设"新浪动漫影视学院""烟台国际学院"等混合所有制二级学院，开展学历教育、非学历培训等；新疆工业经济学校与新疆粮油食品厂合作成立"新粮烘焙合作社"，为食品生物工艺专业学生提供制作和经营实训条件，并对校园师生开放，此外该校还与喀什八一面粉厂、新疆阿尔曼食品工业有限公司等合作，招生近千名企业员工，开设"农产品保鲜与加工专业"弹性学制班，将学校办到了企业，根据企业需要组织教学活动。其次，企业在学校创办"校中校"，校企共同孵化实用型技能人才，如江苏财经职业技术学院与今世缘酒业股份有限公司、用友新道科技有限公司等，先后成立今世缘营销学院、用友会计人才培养基地等8个"校中校"等。

（2）校校合作

一是，实现中高职及本科衔接。主要以加强专业建设和拓展招生渠道为目的，一般选定相同或相近的某个或数个专业，再以分段培养为模式，打通中职、高职、应用本科升学通道。江苏财经职业技术学院与南京审计学院、淮阴工学院等进行"3+2"分段培养模式合作，与淮安市金湖中等专业学校、楚州工业中等专业学校签订中高职"3+3"模式培养协议，联合开展招生，共同制订人才培养方案。

二是，加强校际交流。山东商务职业学院派出 70 余名教师分三次赴台与台湾大仁科技大学开展学术交流活动，还推动与美国、俄罗斯、澳大利亚等国的高校开展国际交流，在学术交流、师资培训等方面开展深入合作。

（3）多方合作

一是，承办行业赛事和职工培训。政府、行业、企业组织的行业职业技能比赛、职工劳动竞赛以及职工业务培训等，一般都会依托粮食院校在专业、师资、实训基地等方面优势，由粮食院校来承担。这种行业内多方合作机制，使得全国粮食行业终身职业技能培训以及全国粮食行业职业技能竞赛越办越大、越办越好。

二是，承担课题研究、技术攻关等。粮食院校和科研机构积极参与，多方合力，催生诸多创新成果。近年来，职教集团联合成立了 10 多个研发团队，取得产学研成果 13 个，技术服务项目 59 项，课题研究 87 项，专利 126 项。新疆工业经济学校主持研发的"红花籽油软胶囊"上市产品深受消费者好评，预计产生经济效益 600 万元。

第九部分

粮食节约

一 节粮减损行动

国家粮食局会同有关部门着力减少粮食产后损失，广泛开展爱粮节粮公益宣传，节粮减损工作取得新成效。

（一）着力减少粮食储运等各个环节损失

为贯彻落实国务院办公厅《关于完善支持政策促进农民持续增收的若干意见》（国办发〔2016〕87号）等有关文件要求，2017年开始实施粮食产后服务体系建设，为种粮农民提供"代清理、代干燥、代储存、代加工、代销售"等"五代"服务，并同步实施农户科学储粮建设。《粮食产后服务体系建设实施方案》提出，力争在"十三五"末实现全国产粮大县全覆盖，建成布局合理、能力充分、设施先进、功能完善、满足粮食产后处理需要的新型社会化粮食产后服务体系。2017年择优确定了16个重点支持省份，以"优质粮食工程"为整体共安排粮食产后服务体系等3个子项中央财政补助资金50亿元。为更好指导和规范粮食产后服务中心的建设和服务等工作，印发了《粮食产后服务中心建设技术指南（试行）》和《粮食产后服务中心服务要点（试行）》。通过粮食产后服务中心和农户科学储粮设施建设，将使农民手中收获的粮食得到及时处理、妥善保管，降低农户储粮损失率。

国家发展改革委、国家粮食局安排中央预算内投资19.9亿元，支持建设仓容400多万吨、物流项目26个，进一步优化仓储设施和物流节点布局，促进粮食流通效率的提高。同时，国家粮食局进一步加强仓储管理工作，狠抓粮食安全储存和行业安全生产工作，着力提升全员安全意识，相继部署了全国春秋两季粮油安全大检查、安全储粮和安全生产隐患大排查、"两个安全"跨省交叉随机抽查等，组织开展粮食行业"一规定两守则"在线督查测评，多措并举力保储粮安全，促进储藏环节减少粮食损失。

（二）广泛开展爱粮节粮宣传活动

在2017年世界粮食日和全国爱粮节粮宣传周期间，以"爱粮节粮保安全、优粮优价促增收"为活动主题，国家粮食局等主办单位在全国范围内组织开展了"优粮优价促增收"系列活动。一是，粮食增收进农户。依托粮食产后服务体系，向农户宣传推广"代清理、代干燥、代储存、代加工、代销售"等"五代"服务，提高粮食产后专业化服务水平，减少产后损失。二是，优质粮油进家庭。开展社区主题科普讲座、互动交流、主题倡议等活动，组织公众走进优质粮油加工企业和示范基地，宣传讲解膳食营养健康知识，普及"中国好粮油"系列标准和质量控制导则，引导老百姓科学消费，保障身体健康，促进粮食消费升级。三是，爱粮节粮进学校。面向学生举办爱粮节粮科普知识讲座，宣传讲解我国粮食安全形势、粮食供给状况、健康消费、合理膳食等科普知识；组织"光盘行动"、节约标兵评选、爱粮节粮随手拍等活动，倡导珍惜节粮、反对浪费的良好风尚。

全国有 2000 多个行动工作组，走进 20 万家农户、2 万个城镇家庭和 2000 所学校，宣讲兴粮惠农政策和爱粮节粮知识。

二　爱粮节粮宣传教育

2017 年，国家粮食局认真贯彻落实中办、国办有关文件要求，创新形式、注重实效，持续开展各类爱粮节粮主题宣传教育活动，营造爱粮节粮社会新风尚。

（一）组织开展首届全国"爱粮节粮之星"评选发布活动

会同农业部、教育部、科技部、全国妇联，以及联合国粮农组织驻华代表处，在全国范围内组织开展首届"爱粮节粮之星"评选发布活动。面向全社会广泛发掘评选"在工作岗位上长期坚持爱粮节粮，能够带动身边人共同营造爱粮节粮风尚的；在业务工作中潜心钻研，利用科技手段支撑节粮，改革创新节粮，取得明显社会效益和经济效益的；在日常生活中具有爱粮节粮方面突出表现和行为，或有重大贡献的"组织个人。活动分国家和省两级开展。省级由各省级粮食、农业、教育、科技、妇联等部门组织在本地区评选发布；国家级由国家粮食局、农业部、教育部、科技部、全国妇联从省级"爱粮节粮之星"中择优评选。通过倡树"爱粮节粮

之星"先进典型，营造学习先进、赶超先进的浓厚氛围，进一步发挥"爱粮节粮之星"引领带动作用，在全社会营造爱惜粮食、节约粮食的良好氛围。2017 年全国共评选发布 10 名国家级"爱粮节粮之星"及 200 余名省级"爱粮节粮之星"。

（二）组织开展"优粮优价促增收"系列活动

会同农业部、教育部、科技部、全国妇联，以及联合国粮农组织驻华代表处，在全国范围内组织开展"优粮优价促增收"系列活动。组织农业专家、科技专家、农业院校师生等，面向"种粮农户、社区家庭、在校学生"三个层面，在粮食收购一线、普通居民家庭、各类教育院校开展各具特色的技术知识宣讲、主题倡议、标兵评选等活动，受到种粮农民、普通消费者和广大学生的欢迎和好评。各级粮食、农业等部门组织 2000 余个工作小组，走进 20 多万家农户、2 万个城镇家庭和 2000 所学校，发放主题宣传册 30 余万套、宣传品 3 万余套，宣贯兴粮惠农政策和爱粮节粮知识。

（三）组织开展系列主题宣教活动

紧扣粮食流通中心工作，围绕优质粮食工程、粮食产业经济、粮食收购、粮食质量安全等主题，精心策划选题，持续推出粮食安全、爱粮节粮系列主题宣传报道，推动构建爱粮节粮宣传教育长效机制。全年共摄制爱粮节粮主题公益视频 10 个，发布整版公益广告 1 次，开展网络直播 1 次，开设专栏 1 个。各地粮食部门结合本地实际，组织开展形式多样的爱粮节粮主题宣教活动，在全国范围内形成了很好的联动效应。宁夏组织"爱粮说""天下粮心"主题征文活动；安徽组织开展淮南小记者走进主食工厂，"零距离"接触食品加工生产；福建组织开展"小手拉大手"节粮宣传活动；广西组织开展爱粮节粮随手拍活动，号召广大师生践行"光盘行动"，营造爱惜粮食、反对浪费的良好氛围，受到广大师生一致好评。

专栏 2017年世界粮食日和全国爱粮节粮宣传周

2017年10月16日是第37个世界粮食日，所在周是第27个全国爱粮节粮宣传周。世界粮食日的主题是"改变移民未来——投资粮食安全，促进农村发展"。全国爱粮节粮宣传周的主题是："爱粮节粮保安全，优粮优价促增收"。活动周期间，国家粮食局会同农业部、教育部、科技部、全国妇联，以及联合国粮农组织驻华代表处，组织开展了首届全国"爱粮节粮之星"评选发布活动。各级粮食部门会同农业、教育、科技、妇联等部门组织，面向种粮农户、社区居民、青年学生等各类群体，组织开展"优粮优价促增收"系列活动。

一、主会场活动

2017年10月16日，国家粮食局、农业部、教育部、科技部、全国妇联和联合国粮农组织在中国农业大学联合主办主会场活动。国家发展改革委党组成员，国家粮食局党组书记、局长张务锋致辞并发表讲话。活动发布了首届全国"爱粮节粮之星"，10位主题人物从种粮大户种好粮、科技支撑好种粮、"五代"服务保好粮、健康消费吃好粮四个层面，畅谈爱粮节粮、助力国家粮食安全的经验体会。活动现场播放了主题人物公益视频，向全社会发出"爱粮节粮保安全，优粮优价促增收"主题倡议。活动现场还举行了"优质

粮食工程"启动仪式。

二、"优粮优价促增收"系列活动

（一）粮食增收进农户

各级粮食、农业等部门组织农业专家、科技专家、农业院校师生等，走村入户、深入田间地头，宣传国家粮食质价政策，讲解粮食种植、收获、干燥、储藏等专业知识，提高农户粮食种植和收储技术水平。依托粮食产后服务体系，向农户宣传推广"代清理、代干燥、代储存、代加工、代销售"等"五代"服务；依托国家粮食质量安全检验监测体系，向农户宣传推广粮食品质测报和监测、科学储粮技术服务。

（二）优质粮油进家庭

各级粮食、妇联等部门开展社区主题科普讲座、互动交流、主题倡议等活动，组织公众走进优质粮油加工企业和示范基地，宣传讲解膳食营养健康知识，普及"中国好粮油"系列标准和质量控制导则，引导居民科学健康消费。结合正在开展的"中国好粮油"行动计划，组织开展各类中国好粮油产品及品牌推介活动，增加绿色优质产品供给。

（三）爱粮节粮进学校

各级粮食、教育等部门面向学生举办爱粮节粮科普知识讲座，宣传讲解我国粮食安全形势、粮食供给状况，健康消费、合理膳

食等科普知识；组织开展"光盘行动"、节约标兵评选、爱粮节粮随手拍等活动，引导珍惜节粮、反对浪费的良好风尚。各地还结合实际，组织开展了各类主题宣传作品征集活动，引导青少年群体树立"爱粮节粮，助力国家粮食安全"的观念和意识。

活动周期间，中央和省级主流媒体推出报道800余篇（条），制作播放公益视频10个，人民网全程视频直播主会场活动，纸质媒体共报道消息40余条，电台报道消息20条，网络消息200余条，中国政府网转载信息5条。

第十部分
粮食对外开放

一 2017 年粮油进出口

（一）粮食

2017 年全球粮食生产再获丰收，供应充足而消费需求疲弱，库存数量增加，国际市场粮价持续低位运行。据联合国粮农组织估计，2017 年全球谷物产量达 26.48 亿吨，比上年增加 3500 万吨，为历史最高水平。2017 年我国粮食产量 66160.7 万吨，比上年增加 117.2 万吨，谷物供应充足，国内粮食市场消费需求不旺，玉米、小麦产需大体平衡，稻谷呈现阶段性产大于需，全年粮食进出口量较上年均有所增加。

1. 粮食进口增加

据海关统计，2017 年我国进口粮食 13061.5 万吨（包括谷物和豆类），比上年增加 1593.9 万吨，增幅 13.9%。

大豆。随着我国肉类和油脂消费增长，大豆需求快速增加，而国际市场大豆价格低位运行，大豆压榨企业采购进口大豆积极性较高。2017 年大豆进口 9552.6 万吨，比上年增加 1161.3 万吨，占粮食进口总量的 73%。其中从巴西、美国和阿根廷进口分别占 53%、34% 和 7%。

小麦。受国内外价差扩大、部分国产小麦因灾品质下降等影响，2017 年进口小麦 442.2 万吨，比上年增加 101 万吨。其中从澳大利亚、美国、加拿大进口分别占 43%、35%、12%。

玉米。随着玉米收储制度改革的推进，国内玉米价格逐步与国际市场接轨，企业进口玉米积极性下降。2017 年我国进口玉米 282.7 万吨，比上年减少 34.1 万吨，进口量连续两年较大幅度减少。进口玉米中，从乌克兰、美国进口分别占 64% 和 27%。

大米。受国内外价差较大影响，2017 年我国进口大米 402.6 万吨，比上年增加 46.4 万吨。进口的大米主要是东南亚地区籼米，其中从越南、泰国、巴基斯坦进口分别占 56%、29%、7%。

此外，受国内外玉米及其替代品价差缩小、对自美国进口玉米酒糟（DDGS）征收双反税等影响，2017 年高粱和玉米酒糟粕进口大幅减少。全年进口高粱 505.7 万吨、玉米酒糟粕 39 万吨，比上年分别减少 159 万吨、267.6 万吨。

2. 粮食出口大幅增加

国内企业积极拓展非洲等出口市场，增加粮食边贸出口，出口数量较上年大幅增加。2017 年出口粮食 280.2 万吨，比上年增加 90.1 万吨。其中，大米 119.7 万吨，比上年增加 80.2 万吨，出口到非洲的占 65%。小麦 18.3 万吨，比上年增加 7 万吨，销往香港的占 43%。玉米 8.6 万吨，增加 8.2 万吨，出口到朝鲜的占 59%。

（二）食用油

2017 年全球油料增产，油脂供应充足，价格低位运行。2017 年我国食用油进口 577.3 万吨，比上年增加 24.5 万吨。其中，棕榈油 346.5 万吨，比上年增加 30.8 万吨；豆油 65.3 万吨，比上年增加 9.3 万吨。油菜籽及菜籽油进口增加，2017 年进口油菜籽 474.8 万吨，比上年增加 118.2 万吨；进口菜籽油 75.7 万吨，比上年增加 5.7 万吨。

我国食用油出口较少。2017 年出口 20 万吨，比上年增加 8.7 万吨。分品种看，豆油出口 13.3 万吨，增加 5.3 万吨，占出口总量的 67%。

二 对外交流与合作

2017 年，国家粮食局积极推进粮食行业对外交流与合作，有效推动多双边合作，开创粮食领域国际合作新局面；多措并举，帮助粮油企业实施"走出去"；根据中心工作需要，务实引进国外智力，培养国际化人才；提升我国粮食行业国际化水平，助力粮食流通行业发展，积极服务我国外交大局。

（一）锐意进取，开创粮食领域国际合作新局面

2017 年，粮食领域多边国际合作取得显著成效。国家粮食局首次派出代表团访问世贸组织（WTO）、联合国粮农组织（FAO）、联合国世界粮食计划署（WFP）总部，首次与 WFP 中国办公室共同举办南南合作培训班，进一步推进亚太经合组织粮食安全政策伙伴关系机制（APEC/PPFS）工作，承担亚洲合作对话（ACD）粮食领域牵头工作，提升我国在世界粮食舞台上的影响力和话语权。

1. 首次与 WFP 开展合作，合作成效显著

2017 年，国家粮食局开启了与 WFP 合作的历史新篇章。9 月下旬，国家粮食局代表团首次访问 WFP 罗马总部。张务锋局长与 WFP 副执行干事阿米尔·阿卜杜拉先生进行了富有成效的会谈，双方就在南南合作框架下开展合作达成了共识，并商定适时签署合作谅解备忘录，以便更多地开展粮食领域实质性合作。

10 月下旬，为切实落实张务锋局长访问 WFP 总部会谈成果，国家粮食局首次与 WFP 中国办公室在华共同举办了"小农户粮食产后处理及仓储管理"培训项目。来自喀麦隆、尼日尔、乌干达、斯里兰卡、坦桑尼亚、津巴布韦等 6 个亚非发展中国家的 16 名粮农管理、技术官员和 WFP 国别办公室官员，通过专家授课、实地调研、参观展会等形式，学习了我国小农户粮食储藏及产后减损的措施和技术，以及促进小农户与市场衔接的做法。培训项目的实施，有效地支持了国家粮食局与 WFP 在南南合作框架下，帮助其他发展中国家学习借鉴我国粮食储藏和产后减损方面的技术及经验。

2017年，国家粮食局与WFP中国办公室保持了紧密的合作关系，不仅就合作事宜进行了多次磋商交流，还接待了多个WFP代表团，并派员参加由WFP中国办公室举办的多边会议。双方的密切合作为下一步合作谅解备忘录的签署，以及具体合作项目的实施奠定了坚实基础。

2. 履行义务，坚决维护国家在亚太地区粮食安全领域话语权

国家粮食局作为APEC/PPFS中国政府代表单位，积极履行义务，努力维护亚太地区粮食安全。积极落实2014年APEC北京会议成果，深度参与2017年APEC粮食安全周相关活动，推进节粮减损和APEC区域粮食标准互联互通相关工作，取得良好成效，并为前方代表团参与领导人会议成果文件磋商提供了有力支持。特别是在2017年8月APEC粮食安全周这一APEC粮农领域最重要的会议和活动中，国家粮食局代表团与外交部、农业部、海洋局等部委同志通力配合，坚决维护国家在亚太地区粮食安全领域话语权，共同做好新时代中国特色大国外交工作。

3. 积极参与国际粮食领域合作事务

作为ACD"粮食、水与能源安全相互关系"领域中国政府牵头单位，国家粮食局积极配合外交部，与水利部、国家能源局等相关单位密切协作，努力推动该领域工作。为此，国家粮食局组织粮食科学研究院申请了2017年和2018年度亚洲区域合作专项资金项目，并有2个项目获得外交部和财政部的批准。

国家粮食局还积极推动与FAO的合作，发挥亚太农业与粮食市场联合会成员单位的作用，通过人员互访及派员参加会议等方式，进一步深化交往，共同为消除全球饥饿、维护亚太地区及世界粮食安全不懈奋斗。

（二）稳步推进，开展粮食领域双边交流与合作

国家粮食局持续推动落实已签订的合作谅解备忘录和合作意向书，进一步拓展与外国政府粮农机构的合作交往，促进双方在粮食储藏、加工、物流、标准质量和粮油科技等领域取得更深更广的合作成效。

1. 落实与加拿大谷物委员会的合作谅解备忘录

2017年8月，国家粮食局组织粮食购销和宏观调控培训团赴加拿大培训，学习加拿大粮食流通和调控体制方面的先进经验。11月，加拿大谷物委员会新任主任派蒂·米勒女士率团来访国家粮食局，双方探讨了下一步项目合作计划，并表示将进一步加强各领域项目合作。

2. 落实与阿根廷农业产业部的合作谅解备忘录

2017年8月，阿根廷农业产业部国务秘书率团来访国家粮食局，商谈粮食标准、贸易等问题。10月，国家粮食局代表团赴阿根廷访问，与阿根廷农业产业部制订了2018年合作计划，并努力帮助解决我国粮食企业在阿根廷罗萨里奥港口运营相关问题。

3. 落实与乌拉圭牧农渔业部的合作谅解备忘录

2017年10月，通过出访乌拉圭，国家粮食局实现了对乌拉圭合作出访零的突破，奠定了双方合作基础。代表团与乌拉圭牧农渔业部进行了座谈交流，并实地调研了乌拉圭

粮农产业发展情况。南美粮食资源丰富，生产条件好，国家政局、社会、经济总体发展较为稳定，国际大粮商在南美的掌控和布局密度低于北美和澳洲，可作为我国粮食企业"走出去"，开展粮食行业合作的重要区域。

4. 落实与澳大利亚农业与水利部的合作意向书

2017年，中澳粮食行业在双方合作意向书框架下开展交流合作。澳大利亚农业与水利部代表团、粮食行业代表团、南澳洲政府初级产业及地区部部长相继来访国家粮食局，双方就深化粮食流通、信息交流及粮油科技等领域的合作达成共识。国家粮食局科学研究院和澳大利亚农业资源经济科学局共同推进开展研究项目。

5. 拓展与各国政府粮农部门的交流与合作

在同已建立合作关系的相关国家政府机构加强交往的同时，通过代表团出访，国家粮食局与瑞士联邦经济事务教育与研究部农业局、意大利农业食品与林业政策部、肯尼亚农牧渔业部、克罗地亚农业部等单位陆续建立了关系。国家粮食局代表团一方面宣传了我国农业供给侧结构性改革和粮食收储制度改革、国家粮食安全战略实施等政策举措和进展成效，同时也了解了这些国家在粮食生产、消费、贸易、对外合作交流等方面的情况，并就下一步加强粮食流通领域合作事项达成共识。

（三）多点发力，提升粮食行业国际化水平

国家粮食局积极开展课题调研，派员参加国际会议、开展交流合作，做好粮食行业出国培训和引智工作，推动提升我国粮食行业国际化水平，更好地服务行业发展大局。

1. 对接"一带一路"倡议，服务粮食企业"走出去"

为助力粮食行业转型升级，加快粮食行业发展新旧动能转换，深入对接"一带一路"倡议，了解我国粮油企业在"一带一路"沿线国家对外合作基本情况，加快粮食行业"走出去"步伐，国家粮食局开展了"一带一路"沿线国家和地区粮食企业"走出去"情况调研，广泛收集了全国25个省区市（包括计划单列市）"一带一路"对外合作情况报告及粮油企业调研问卷，赴江苏、湖南、广西等地进行了实地调研，并通过出访了解部分企业在海外的发展情况，梳理了我国粮油企业在"一带一路"沿线国家和地区"走出去"的基本情况，形成了调研报告并提出了相关建议。

2. 培养国际化人才，促进科技人员对外学术交流

为培养粮食行业国际化人才，2017年，国家粮食局组织调控司赴加拿大执行粮食购销和宏观调控培训任务，规划财务司赴美国执行粮食流通信息化发展培训任务。通过这些培训项目，全国粮食行业人才到国外学习先进技术及经验，有助于提高我国粮食流通宏观调控能力，推进粮食行业信息化建设，推动粮食行业改革发展。

为促进粮食行业科研技术人员对外学术交流合作，2017年，国家粮食局派出科研人员及专业技术人员执行参加国际学术研讨及交流大会、开展交流合作任务。比如派员参加第四届国际食品安全与营养大会、国际食品法典第11届食品污染物法典委员会会议、

2017 年马来西亚棕榈油大会、第六届国际全谷物峰会，与英国帝国理工大学及英国母亲儿童基金会脑化学和人类营养研究所开展合作交流、与日本佐竹公司开展合作交流等，进一步提高了粮食行业科研技术人员的国际交流与合作能力。

3. 做好引智工作，推动粮食行业科技创新进步

2017 年，国家粮食局共获国家外国专家局批准引进国外技术、管理人才项目 2 个，资助经费 70 万元，分别是国家粮食局科学研究院的"粮食储藏与质量安全"项目和中粮营养健康研究院的"食品安全与营养健康技术与创新方法研究"项目。在项目实施过程中，项目单位严格执行国家外专局的有关规定和要求，缜密策划，精心组织。项目执行情况顺利，并取得了较好的成效，为提高我国粮食储藏和食品安全技术水平、加强营养健康技术与创新方法研究等发挥了积极作用。

附录

一 2017 年大事记

一月

1月7日至8日，全国粮食流通工作会议在京召开。会议深入学习贯彻党的十八大、十八届三中、四中、五中、六中全会精神和习近平总书记系列重要讲话精神，认真贯彻中央经济工作会议、中央农村工作会议和中央纪委七次全会精神，全面总结2016年粮食流通工作，深入分析粮食流通改革发展面临的新形势，安排部署2017年粮食流通重点工作，研究进一步推进粮食系统全面从严治党工作。会议传达学习了国务院领导同志对粮食流通工作的重要批示。国家发展改革委党组书记、主任徐绍史出席会议并作重要讲话。徐鸣同志作工作报告，曾丽瑛同志作总结讲话。

1月7日，国家粮食局在京召开全国粮食系统党的建设和党风廉政建设座谈会，认真贯彻落实党的十八届六中全会精神和习近平总书记关于全面从严治党的重要讲话精神，学习贯彻十八届中央纪委七次全会精神，交流粮食系统2016年党的建设和党风廉政建设工作，分析全面从严治党面临的新形势，部署2017年党的建设和党风廉政建设工作。徐鸣同志出席会议并讲话，赵中权同志作总结讲话，中央纪委驻国家发展改革委纪检组副组长邵明朝同志应邀出席会议。

1月9日，国家粮食局召开党组集体学习会议，认真传达学习贯彻习近平总书记在十八届中央纪委七次全会上的重要讲话和全会精神，结合粮食部门实际，研究部署贯彻落实的具体措施。徐鸣同志主持学习并讲话。

1月11日至18日，赵中权同志带队出访法国和克罗地亚，与法国粮食出口协会、法国拉博亚格罗农业实验室、克罗地亚农业部、克罗地亚农产品质检公司，就粮食生产流通、市场管理、支持政策、质量管理等情况进行了会谈交流。

1月19日至20日，卢景波同志分别到军委后勤保障部和武警部队后勤部走访，与军委后勤保障部军需能源局、武警部队后勤部有关负责同志共商推进军粮保障军民融合深度发展的意见措施，之后出席军粮供应工作对接会。

1月22日，国家粮食局召开2016年度全局工作总结大会。徐鸣同志代表局领导班子作述职报告。曾丽瑛、赵中权、卢景波同志出席。

1月22日至23日，卢景波同志带队赴国家粮食局定点扶贫县——安徽省阜南县调研走访慰问。调研组一行深入洪河桥镇盛郢村、龙王乡合胜村走访慰问困难群众，查看当地村小学建设等情况，看望国家粮食局选派的挂职干部和驻贫困村"第一书记"。在阜南县国家粮食储备库、龙王粮站，现场查看了有关帮扶项目建设以及安全储粮等情况。

二月

2月21日，国家粮食安全政策专家咨询委员会召开2017年全体委员会议。会议深入学习贯彻习近平总书记系列重要讲话精神，认真贯彻中央经济工作会议、中央农村工作会议和全国粮食流通工作会议的部署要求，总结过去一年专家咨询委员会的工作，研究部署2017年重点工作任务，徐鸣同志出席会议并讲话。专家咨询委员会顾问王春正、陈锡文同志出席会议并讲话，专家咨询委员会主任委员张晓强作工作报告，专家咨询委员会副主任委员赵中权主持会议，卢景波同志和专家咨询委员会20余名专家委员出席会议。

2月21日，为落实国务院推行"双随机一公开"监管工作电视电话会议精神，推进粮食流通监管体制改革，创新监管方式，增强监管效能，国家粮食局发布《国家粮食局"双随机一公开"监管工作细则》（2017年第1号公告）。

2月23日至24日，全国粮食流通监督检查工作会议暨粮食安全省长责任制考核工作座谈会在贵州省贵阳市召开。会议学习贯彻全国粮食流通工作会议精神，全面总结2016年监督检查工作，分析粮食市场监管面临的新形势，部署2017年工作任务。赵中权同志出席会议并讲话。

2月27日，国家粮食局召开处级以上干部大会。中央组织部副部长邓声明宣布张务锋同志任国家发展改革委党组成员、国家粮食局党组书记、局长，国家发展改革委党组书记、主任何立峰同志出席会议并讲话，张务锋同志作表态发言，徐鸣同志主持会议，曾丽瑛、赵中权、卢景波同志出席。

三月

3月6日，曾丽瑛同志会见ADM公司北亚区总裁陈冬先生一行。双方就加强粮食加工、仓储物流、科技研发、节粮减损等方面的长期合作，进行了深入探讨。

3月9日，国家粮食局召开新一届局党组第1次会议，传达学习习近平总书记在听取第十一轮巡视情况汇报时重要讲话精神和王岐山同志在第十二轮巡视动员部署会上的讲话精神，研究提出国家粮食局贯彻落实的意见；听取局党组第一、第二巡视组关于第二轮专项巡视进展情况的汇报；审议《国家粮食局2017年机关党建工作要点》和《国家粮食局2017年党风廉政建设和反腐败工作要点》；审议《中共国家粮食局党组关于进一步加强和改进离退休干部工作的实施意见》等。张务锋同志主持，徐鸣、曾丽瑛、赵中权、卢景波同志出席。

3月14日，国家粮食局召开第1次局长办公会议，传达学习贯彻何立峰同志在国家发展改革委第140次主任办公会议上的重要讲话精神；听取玉米收储制度改革和收购工作进展情况汇报；听取粮食"去库存"有关情况和下步销售安排意见汇报；审议第七批拟授权挂牌国家粮食质量监测机构名单；听取粮食流通有关重点工作进展情况汇报。张务锋同志主持，徐鸣、曾丽瑛、赵中权、卢景波、何毅同志出席。

3月16日至17日，国家粮食局在安徽省合肥市召开全国粮食系统军粮供应工作会议，总结交流2016年军粮供应工作，研究分析面临的新形势新任务，安排部署2017年军粮供应重点任务。卢景波同志出席会议并作工作报告。

3月19日至27日，徐鸣同志率团赴以色列和肯尼亚访问。出访期间，代表团分别同以色列农业与农村发展部、肯尼亚农牧渔业部及国家谷物与产品管理局的有关负责人进行了会谈，实地调研了以色列佩雷斯创新中心和肯尼亚国家粮库等，就进一步加强双边粮食经贸合作进行了沟通。

3月22日，张务锋同志专程赴革命圣地西柏坡考察学习。张务锋同志在考察时强调，牢记"两个务必"，弘扬"赶考"精神，全力推进粮食供给侧结构性改革。

3月24日，国家粮食局召开第3次局党组会议，传达学习贯彻习近平总书记在中央财经领导小组第十五次会议上的重要讲话；传达学习国务院第五次廉政工作会议精神和国家发展改革委党风廉政建设工作会议精神，研究贯彻落实的措施意见；审议《国家粮食局2017年专项巡视工作全覆盖方案》。张务锋同志主持，曾丽瑛、赵中权、卢景波同志出席。

3月29日，国家粮食局召开全局党风廉政建设工作会议，深入贯彻党的十八届六中全会、十八届中央纪委七次全会和国务院第五次廉政工作会议精神，认真落实国家发展改革委党风廉政建设工作会议要求，回顾总结国家粮食局2016年党风廉政建设和反腐败工作，研究部署2017年反腐倡廉工作。中央纪委驻国家发展改革委纪检组组长穆红玉应邀莅临会议指导，张务锋同志出席会议并讲话，徐鸣同志主持会议，赵中权同志作2016年全局党风廉政建设和反腐败工作情况报告。曾丽瑛、卢景波、何毅同志出席会议。

3月29日至31日，全国粮食财会暨规划建设工作会议在云南省昆明市召开。会议传达学习张务锋同志对规划财务工作的指示，贯彻落实全国粮食流通工作会议精神，总结2016年粮食财会和规划建设工作，紧紧围绕供给侧结构性改革，布置2017年工作任务，并会审汇编2016年度国有粮食企业会计决算报表。卢景波同志出席会议并讲话。

四月

4月6日，卢景波同志会见国际粮食贸易联盟 (IGTC) 主席加里·马丁先生一行。双方就粮油信息交换与共享、国际粮食贸易形势、粮食信息技术等方面进行了沟通与交流，并就双方开展合作达成共识。

4月12日至14日，张务锋同志带队赴吉林、黑龙江两省调研粮食流通重点工作。调研组深入粮食储备库点、粮食加工企业、贸易企业开展实地调研，详细了解玉米收储制度改革、仓储设施建设、安全储粮、粮食加工转化、优质粮油品牌建设等情况。

4月13日至14日，全国粮食政策法规工作会议在陕西省西安市召开。会议认真贯彻落实全国粮食流通工作会议精神，总结交流2016年粮食政策法规工作，研究分析当前形势，安排部署2017年工作任务。卢景波同志出席会议并讲话。

4月15日，东北三省一区粮食流通工作座谈会在黑龙江省哈尔滨市召开。会议听取内蒙古、辽宁、吉林、黑龙江等四省区粮食局工作情况汇报，以及黑龙江省直有关部门、部分央企及地方粮食企业的意见建议。张务锋同志出席会议并对做好粮食流通重点工作提出要求，卢景波同志对相关重点工作进行了安排部署。

4月15日，西北五省（区）粮食安全省长责任制考核工作座谈会在宁夏回族自治区银川市召开。会议听取陕西、甘肃、青海、宁夏、新疆等五省（区）考核办 2016 年度考核工作情况汇报和制订 2017 年度考核工作方案的意见建议，对做好下一步工作提出明确要求。赵中权同志出席会议并讲话。

4 月 18 日，国家粮食局召开第 6 次局党组会议，认真传达学习习近平总书记在中央全面深化改革领导小组第 33 次会议上的重要讲话，研究贯彻落实的意见；讨论《中共国家粮食局党组关于党的十八大以来工作情况的总结报告》；讨论《粮食流通重点工作情况汇报》；审议国家粮食局出席党的十九大代表候选人推荐人选表现情况和预备人选登记表。张务锋同志主持，曾丽瑛、赵中权、卢景波同志出席。

4 月 18 日至 19 日，国家粮食局在上海市召开 2016 年度全国粮食行业统计年报会审汇编工作会议。会议传达学习了《关于深化统计管理体制改革提高统计数据真实性的意见》精神和张务锋同志关于统计工作的指示要求，对 2016 年度粮食产业经济、仓储设施、行业机构和从业人员等统计年报进行了会审汇编，总结交流了粮食行业统计工作的开展情况。

4 月 21 日，国家粮食局印发《关于做好 2017 年粮食质量安全重点工作的通知》，认真落实习近平总书记关于"严防、严管、严控食品安全风险，保证广大人民群众吃得放心、安心"的重要指示，贯彻国务院食品安全委员会第四次全体会议精神，加强粮食质量安全监测与监管，强化基层粮食质量安全检验监测能力。

4 月 24 日，张务锋、曾丽瑛、赵中权同志与江西省政府副省长吴晓军同志商谈粮食工作。

4 月 25 日，国家粮食局召开第 7 次局党组会议，传达学习习近平总书记考察广西时关于国家粮食安全的重要讲话和李克强总理在听取国家粮食局工作汇报时的重要指示精神，研究贯彻落实的措施意见；传达贯彻习近平总书记关于推进"两学一做"学习教育常态化制度化的重要指示、刘云山同志的重要讲话；审议《中共国家粮食局党组关于推进"两学一做"学习教育常态化制度化的实施方案（送审稿）》；传达贯彻张高丽副总理在《基层"硕鼠"屡盗中央储备粮危及国家粮食安全》上的重要批示精神。张务锋同志主持，曾丽瑛、赵中权、卢景波同志出席。

4 月 27 日，张务锋、卢景波同志会见了定点扶贫县安徽省阜南县县委书记崔黎一行，就深入贯彻中央扶贫开发精神、扎实做好定点扶贫工作进行了工作座谈。

五月

5 月 3 日，张务锋同志和曾丽瑛、赵中权、卢景波同志会见新疆维吾尔自治区副主席张春林同志一行。

5 月 3 日，国家粮食安全省长责任制考核工作组第二次联席会议在京召开，会议宣布了考核工作组领导成员和办公室成员名单，听取考核工作组办公室关于 2016 年度考核进展情况汇报，审议《关于认真开展 2017 年度粮食安全省长责任制考核工作的通知》和《2016 年度粮食安全省长责任制考核部门评审和抽查工作方案》。考核工作组组长、国家发展改革委党组书记、主任何立峰出席会议并作重要讲话，考核工作组副组长、国家发展改革委党组成员、国家粮食局党组书记、局长张务锋主持会议并作总结讲话。

5月4日，财政部、国家粮食局、中国农业发展银行、中国储备粮管理总公司等部门和单位在江苏省南京市举办粮食库存跨省交叉执法检查动员培训会，部署2017年跨省交叉执法检查工作。赵中权同志出席会议并作动员讲话，之后，赴江苏省有关市开展库存检查督导调研。

5月9日，国家粮食局召开党员干部大会暨局党组理论学习中心组集体学习（扩大）会议，传达学习习近平总书记近期关于保障国家粮食安全、加强领导班子建设、推进"两学一做"学习教育常态化制度化等方面的重要指示和重要讲话精神，传达学习李克强总理在听取国家粮食局工作汇报时的重要指示精神，传达学习刘云山、赵乐际同志在中央推进"两学一做"学习教育常态化制度化座谈会上的讲话精神，通报国家粮食局选人用人工作"一报告两评议"结果和问题整改措施。张务锋同志主持会议并讲话，曾丽瑛、赵中权同志出席。

5月11日，曾丽瑛同志会见乌拉圭牧农渔业部部长塔瓦雷·阿格雷先生一行。双方就进一步推动《中华人民共和国国家粮食局与乌拉圭东岸共和国牧农渔业部粮食领域合作谅解备忘录》项目的实施，深化中乌两国在粮食流通、质量检验、信息互通、科学研究、人员互访等方面的合作达成共识。

5月15日，国家粮食局、中国农业发展银行、中国储备粮管理总公司联合召开全国夏季粮油收购工作电视电话会议，学习贯彻国家粮食收购政策，分析研判购销形势和价格走势，对夏季粮油收购工作作出全面部署。卢景波同志主持并讲话。

5月17日，张务锋、曾丽瑛、赵中权同志会见广西壮族自治区政府副主席张秀隆一行，就粮食流通改革发展进行了座谈会商。

5月17日，张务锋、曾丽瑛、赵中权同志会见西藏自治区政府副主席坚参一行，就粮食流通改革发展及援藏工作进行了座谈会商。

5月18日，徐鸣同志会见南澳洲政府初级产业及地区部部长斯科特·阿什比先生。双方就进一步深化粮食流通、信息交流及粮油科技等领域的合作达成共识。

5月21日，由国家粮食局、中国科协、食品药品监管总局、全国妇联共同举办的2017年粮食科技活动周在安徽省凤阳县小岗村启动，主题为"发展粮油科技、增加优质产品、保障主食安全"。

5月21日至22日，张务锋同志在安徽省滁州市凤阳县主持召开各省（区、市）粮食局长座谈会，听取各地对粮食流通改革发展重大问题的意见建议，对认真落实"七个突破口"等重点任务、全力抓好粮食系统安全工作、加快发展粮食产业经济、着力构建粮食流通改革发展的"四梁八柱"提出明确要求。

5月22日，张务锋、赵中权同志率队赴江苏省，开展2016年度粮食安全省长责任制考核部门联合抽查工作。张务锋同志就做好部门联合抽查工作，强化责任考核，进一步落实粮食安全省长责任制提出明确要求。

5月23日，张务锋同志赴安徽省调研粮食流通重点工作，深入粮食储备库点、信息化平台、加工企业和粮油质检站，详细了解安全储粮、智慧粮库建设、粮食产业经济发展、粮油质量管理等情况。期间，张务锋与安徽省委副书记、省长李国英会谈，就深化双方战略合作、促进粮食流通领域改革发展达成高度共识，安徽省副省长方春明参加会见。

5月23日，2017年粮食科技活动周"中国好粮油行动计划"进军营宣传活动在中国人民解放军驻河南省开封市某部启动，卢景波同志出席启动仪式并向部队官兵赠送粮油科技进军营宣传手册。

5月25日，2017年粮食科技活动周暨地方名特优粮油产品展在深圳开幕。活动围绕优质粮油工程"中国好粮油行动计划"，突出好产品、好主食，开展面向广大消费者的粮油食品科普宣传，集中展示地方名特优粮油产品，宣传加工、品控和管理技术，并邀请中国工程院院士王陇德、粮油专家张守文举办粮油营养健康专题讲座。曾丽瑛同志出席活动并讲话。

5月25日，张务锋、赵中权、卢景波同志会见山东省政府副省长王书坚一行，就粮食流通改革发展等相关工作进行了座谈会商。

5月26日，国家粮食安全政策专家咨询委员会以"深化供给侧结构性改革与粮食行业转型发展"为主题召开专题咨询会议。会议认真学习贯彻习近平总书记、李克强总理近期关于保障国家粮食安全的重要指示精神，深入领会中央关于深化农业供给侧结构性改革的部署要求，围绕创新粮食调控方式、全面依法治粮、完善粮食储备制度、深化国有粮食企业改革、推进粮食一二三产业融合发展等议题，进行了广泛深入研讨交流，为积极推进粮食行业转型发展献计献策。张务锋同志出席会议并讲话，专家咨询委员会主任委员张晓强主持会议并作总结讲话，副主任委员韩俊及近20名专家委员发表意见建议。曾丽瑛、赵中权、卢景波同志

出席。

5月31日，卢景波同志会见法国粮食出口协会主席让 - 皮埃尔·朗格瓦 - 拜特洛先生一行。双方介绍了本国粮食生产、流通等情况，并就进一步加强粮食信息共享和交流合作达成了共识。

六月

6月5日，国家粮食局党组召开第三轮专项巡视工作动员会，深入学习党的十八届六中全会、十八届中央纪委七次全会精神，全面贯彻习近平总书记关于巡视工作的重要讲话精神，认真落实5月26日中央政治局会议关于修改巡视工作条例的决定精神，明确任务、严明纪律、落实责任，对开展第三轮专项巡视进行动员部署。张务锋同志出席会议并讲话，赵中权同志主持会议，中央纪委驻国家发展改革委纪检组副组长邵明朝出席会议。

6月6日，全国粮食系统安全工作会议在京召开。会议主要任务是深入实施总体国家安全观和国家粮食安全战略，认真贯彻习近平总书记关于粮食安全的一系列重要讲话和李克强总理关于粮食流通工作的重要指示批示精神，总结粮食系统安全工作，交流典型经验，分析粮食安全工作面临的新形势新任务新要求，部署进一步推进粮食系统安全工作。张务锋同志出席会议并讲话，徐鸣、曾丽瑛、赵中权、卢景波、何毅同志出席。

6月9日至10日，张务锋同志带队就落实习近平总书记关于粮食安全的重要指示精神、推进粮食流通改革发展赴广西壮族自治区进行调研。期间，自治区党委副书记、政府主席陈

武会见张务锋同志一行，并就粮食安全问题及合作支持事项进行会商并达成高度共识。副主席张秀隆参加调研和会见。

6月11日至12日，张务锋同志带队就做好粮食流通重点工作、推动粮食行业转型发展赴江西省进行调研。期间，江西省委书记鹿心社，省委副书记、省长刘奇，分别会见张务锋同志一行，并就粮食安全问题及合作支持事项进行会商。省委常委、省委秘书长刘捷，副省长吴晓军参加有关活动。

6月13日至14日，国家粮食局举办"粮票——我们共同的记忆"粮票档案专题展，并开展"不忘凭票吃粮岁月 爱粮节粮从我做起"签名承诺活动。张务锋同志出席专题展，认真查看了四十多年的粮票工作档案和全国各地粮票，对粮票档案专题展给予充分肯定，并郑重签名承诺。

6月15日，国家粮食局召开"以案释纪明纪、严守纪律规矩"主题警示教育会，传达学习李智勇同志在中央国家机关警示教育会上的讲话，观看中央国家机关警示教育录——《警钟》，通报近期发生在中央国家机关的典型违纪案例。徐鸣同志出席会议并讲话。

6月17日，张务锋同志赴福建省福州市调研粮食产销合作，深入粮食码头、加工企业、储备库点，全面了解粮食物流、仓储管理、园区建设、优粮优价等情况。期间，张务锋同志与福建省委常委、常务副省长张志南，副省长黄琪玉，就深化粮食产销合作、加快粮食流通改革发展进行了认真会商和深入交流。

6月26日，国家粮食局召开第6次局长办公会议，传达学习贯彻李克强总理在全国深化

"放管服"改革电视电话会议上的重要讲话精神；听取关于"优质粮食工程"实施方案修改完善情况及下一步工作建议的汇报；讨论国家粮食局代拟起草的《国务院办公厅关于加快推进粮食供给侧结构性改革大力发展粮食产业经济的意见（送审稿）》等。张务锋同志主持，徐鸣、曾丽瑛、赵中权、卢景波同志出席。

6月30日，国家粮食局与宁夏回族自治区人民政府战略合作协议签约仪式在银川市举行。张务锋同志与宁夏回族自治区政府主席咸辉出席签约仪式并见证签约，曾丽瑛同志与宁夏回族自治区政府副主席马顺清分别代表双方签约。赵中权、卢景波同志参加签约仪式。

6月30日至7月1日，全国粮食流通改革发展座谈会在银川召开。会议主要任务是深入贯彻习近平总书记在广西、山西考察时关于保障国家粮食安全、实施"优质粮食工程"的重要指示精神，认真落实李克强总理在山东调研期间听取国家粮食局汇报时关于守住管好"天下粮仓"、大力发展粮食产业经济的部署要求，总结上半年粮食流通改革发展情况，科学研判形势，创新政策举措，凝聚思想行动，加快推进粮食行业转型发展。张务锋同志出席会议并讲话，曾丽瑛、赵中权、卢景波、何毅同志出席。

6月份，张务锋同志就当前我国粮食流通领域的安全工作"怎么看、抓什么、如何抓"，接受了《瞭望》新闻周刊记者的专访。

上半年，按照粮食安全省长责任制的要求，国家发展改革委、国家粮食局、财政部和中国农业发展银行联合部署开展全国粮食库存检查。同时，国家有关部门组织专门力量，坚持问题

导向，采取"四不两直"方式，对辽宁、吉林、江苏、江西、湖北、广东等6省，开展跨省交叉执法检查。

七月

7月1日，国家粮食局和宁夏回族自治区人民政府在银川市共同举办2017年"全国食品安全宣传周·粮食质量安全宣传日"主会场活动。张务锋同志出席并宣布活动启动，卢景波同志讲话。宁夏回族自治区党委常委、政府副主席马顺清，曾丽瑛、赵中权、何毅同志出席。

7月12日，国家粮食局、中国农业发展银行联合印发《关于开展重点支持粮油产业化龙头企业认定和扶持发展工作的通知》，决定开展重点支持粮油产业化龙头企业审核认定和扶持发展工作。

7月14日，国家粮食局召开第四轮专项巡视工作动员会，深入学习党的十八届六中全会、十八届中央纪委七次全会精神，全面贯彻习近平总书记系列重要讲话精神特别是关于巡视工作的重要讲话精神，认真落实新修订的《中国共产党巡视工作条例》，对开展局党组第四轮专项巡视进行动员部署。中央纪委驻国家发展改革委纪检组副组长邵明朝出席指导会议。赵中权同志主持会议并作动员讲话。

7月17日，张务锋同志会见山西省政府副省长郭迎光一行，就认真学习贯彻习近平总书记视察山西时的重要讲话精神，推进山西粮食流通改革发展工作进行了座谈会商。徐鸣、曾丽瑛、赵中权、卢景波同志参加了座谈会。

7月18日，国家粮食局召开第9次局长办公会议，传达贯彻中央金融工作会议、国务院

第179次常务会议、中央农村工作领导小组第13次会议精神；审议《国家粮食局政府网站管理暂行办法》；审议《关于2016年度粮食安全省长责任制落实情况的报告》；研究会商改革完善稻谷最低收购价政策有关问题；审议《关于改革新疆小麦收储制度的建议》；审议《关于进一步完善粮食风险基金政策的建议》。张务锋同志主持，赵中权、卢景波同志出席。

7月26日，国家粮食局召开第14次局党组会议，传达学习贯彻习近平总书记关于信访工作的重要批示和第8次全国信访工作会议精神；听取关于审计署反馈问题整改落实有关情况的汇报；听取关于落实领导班子成员分工调整报备工作的汇报。张务锋同志主持，曾丽瑛、赵中权同志出席。

7月26日至27日，国家粮食局在四川省眉山市召开"两个安全"暨粮食仓储工作会议，总结交流各地在仓储工作实践中积累的好做法、新经验，全力确保"两个安全"，提升粮食仓储工作水平，为粮食供给侧结构性改革守住"安全"底线。徐鸣同志出席会议并讲话。

7月26日至28日，国家粮食局、财政部、中央军委后勤保障部在海南省联合主办"粮油服务进军营 营养健康促强军"主题活动，卢景波同志出席。

7月28日，国家发展改革委、国家粮食局、财政部、中国农业发展银行联合印发《关于开展"粮食安全隐患大排查快整治严执法"集中行动的通知》，决定于2017年8~12月，在全国范围内开展政策性粮食（含中央和地方储备粮、最低收购价粮、国家临时存储粮、一次性储备粮）安全隐患大排查、快整治、严执法集

中行动。

7月31日，国家粮食局召开第15次局党组会议，传达学习习近平总书记在省部级主要领导干部"学习习近平总书记重要讲话精神，迎接党的十九大"专题研讨班开班式上的重要讲话精神；传达学习何立峰主任在第40期发展改革工作研究班上的讲话；调度当前工作；听取监督检查司、人事司有关重点工作情况汇报；研究有关人事事项。张务锋同志主持，曾丽瑛、赵中权、卢景波同志出席。

7月31日，全国粮食行业"深化改革转型发展"大讨论活动动员部署会议在京召开。会议主要任务是对为期一年的全国粮食行业"深化改革转型发展"大讨论活动作出动员部署，号召广大干部职工紧扣转观念、转职能、转方式，"学中央精神、明方向大势，转思想观念、谋改革发展，强责任担当、提工作水平"，进一步凝聚起粮食行业解放思想、改革创新、攻坚克难、转型发展的强大合力。张务锋同志出席会议并讲话，曾丽瑛、赵中权、卢景波、何毅同志出席。

八月

8月1日，国家粮食局直属机关党委组织70余名党员干部到中国人民革命军事博物馆参观"铭记辉煌历史 开创强军伟业——庆祝中国人民解放军建军90周年主题展览"。

8月2日，国家发展改革委、农业部、国家粮食局会同中央编办、财政部、国土资源部、环境保护部、水利部、工商总局、质检总局、食品药品监管总局、统计局、中国农业发展银行印发《关于认真开展2017年度粮食安全省长责任制考核工作的通知》（发改粮食〔2017〕1416号），对2017年度粮食安全省长责任制考核工作作出全面部署。

8月2日，曾丽瑛同志赴湖南省长沙市出席中国粮食行业协会五届五次理事会议并讲话。期间，湖南省委副书记、省长许达哲，副省长隋忠诚与曾丽瑛副局长和新当选的中国粮食行业协会会长、中粮集团总裁于旭波等与会代表进行了座谈。

8月4日，国家粮食局在京召开粮食安全隐患大排查快整治严执法集中行动部署动员会。赵中权同志出席会议并作动员讲话。黑龙江、安徽、河南、湖北、广东5省粮食局，中国储备粮管理总公司作了表态发言。

8月18日，全国粮食系统办公室主任座谈会在陕西省西安市召开。会议主要任务是认真贯彻落实全国政府秘书长和办公厅主任会议、第八次全国信访工作会议特别是习近平总书记重要指示精神，研究部署新形势下做好粮食系统办公室工作，尤其是信访工作的具体措施，总结交流粮食系统办公室工作经验，强化粮食系统合力，提升办公室工作质量和水平。张务锋同志对会议作出批示，曾丽瑛同志出席会议并讲话。

8月24日，卢景波同志会见阿根廷农业产业部国务秘书玛丽莎·比尔切尔女士一行。双方交流了中阿两国粮食生产、贸易、政策等方面的情况，并就采取具体措施落实双方合作谅解备忘录达成共识，以推动深化两国在粮食流通领域的交流与合作。

8月24日，张务锋同志赴北京市调研粮食流通改革发展重点工作，并专门听取北京市粮食局和京粮集团关于"深化改革转型发展"大讨论活动开展情况的汇报,强调全力做好保供应、稳市场、守底线各项工作,以实际行动和优异成绩迎接党的十九大胜利召开。

8月28日,国家粮食局党组带领300多名干部职工参观国家发展改革委首届公文展览。认真学习领会习近平总书记关于"文风不正、危害极大,它严重影响真抓实干、影响执政成效"和李克强总理"要办务实的事、开有效的会、发管用的文"的重要指示精神,深刻理解委党组书记、主任何立峰关于强化"四个意识",明确主体责任,上报文件务必精雕细琢、精益求精的批示要求,用心研酌委领导对公文的修改意见及近年来委机关各司局起草的优秀公文。

九月

9月7日,国家发展改革委、国家粮食局、财政部、中国农业发展银行共同召开粮食安全隐患大排查快整治严执法集中行动联席会议。传达学习国务院领导同志重要批示精神,通报国家有关部门和地方集中行动进展情况,部署国家有关部门联合督查和跨省交叉执法检查工作。张务锋同志出席会议并讲话,赵中权同志主持会议。

9月11日,国家粮食局与山东省人民政府战略合作协议签约仪式在济南市举行。张务锋同志与山东省委常委、常务副省长李群出席签约仪式并讲话,徐鸣同志代表国家粮食局签约,卢景波同志出席。

9月12日至13日,国家粮食局在山东省滨州市召开全国加快推进粮食产业经济发展现场经验交流会。会议深入学习贯彻党中央、国务院关于促进粮食产业经济发展的决策部署,认真分析粮食产业经济发展面临的新形势,研究部署贯彻落实《国务院办公厅关于加快推进农业供给侧结构性改革大力发展粮食产业经济的意见》要求,大力发展粮食产业经济,推动粮食产业创新发展、转型升级、提质增效的思路、任务和举措。张务锋同志出席会议并讲话,徐鸣、卢景波、何毅同志出席。

9月13日,国家粮食局在山东省滨州市召开全国粮食行业"深化改革转型发展"大讨论活动督导会,调度活动进展情况,交流经验做法,安排部署大讨论活动和粮食流通改革发展下步重点工作。张务锋同志主持会议并讲话,徐鸣、卢景波、何毅同志出席。

9月15日,国家粮食局在江苏省苏州市召开加强粮食安全法制建设调研座谈会。与会省(市)粮食局交流了地方粮食法制建设的有关情况。张务锋同志主持会议并讲话,卢景波同志出席会议。

9月18日,国家粮食局在内蒙古自治区呼和浩特市召开全国秋粮收购工作会议,传达学习秋粮收购政策,分析研判中晚稻、玉米、大豆生产与收购形势,安排部署秋粮收购工作。卢景波同志主持会议并讲话。

9月19日,国家粮食局举行全国粮食行业"深化改革转型发展"大讨论首场报告会,邀请中央财经领导小组办公室副主任、中央农村工作领导小组办公室主任韩俊作专题辅导报告,同时作为国家粮食局党组理论学习中心组第三季度集体学习开班报告。张务锋同志主持报告会,徐鸣、曾丽瑛、赵中权、何毅同志出席。

9月20日至27日，张务锋同志率代表团访问瑞士、意大利。代表团先后访问了世界贸易组织（WTO）、联合国粮农组织（FAO）、联合国粮食计划署(WFP)、瑞士联邦经济事务教育与研究部农业局、意大利农业食品与林业政策部；拜访了中国驻瑞士大使馆、中国驻意大利大使馆大使和中国常驻世界贸易组织代表团、中国常驻联合国粮农机构代表处代表，考察了中粮国际等涉外粮食企业。访问期间，张务锋同志介绍了中国的国情、粮情和国家粮食局职能及中国粮食流通基本情况；宣传了我国农业供给侧结构性改革和粮食收储制度改革、国家粮食安全战略实施等政策举措和进展成效；了解了瑞士、意大利两国粮食生产、消费、贸易等情况，并与有关方面就加强粮食流通领域相关合作事项进行了交流会商。

9月21日至22日、26日至27日，国家粮食局分别在吉林省吉林市、安徽省合肥市举办北方南方片区安全储粮和安全生产培训班，主要任务是深入学习贯彻《中共中央国务院关于推进安全生产领域改革发展的意见》和全国安全生产电视电话会议精神，进一步落实全国粮食系统安全工作视频会议和"两个安全"暨粮食仓储工作会议精神，巩固和提高"一规定两守则"培训成果，帮助和指导地方提升安全储粮和安全生产水平。徐鸣同志致信培训班，提出殷切希望。

9月22日至23日，国家粮食局在贵州省湄潭县召开全国粮食系统党的建设暨粮食文化建设现场会，深入学习习近平总书记系列重要讲话精神和党中央治国理政新理念新思想新战略，交流落实全面从严治党要求、推进"两学一做"学习教育常态化制度化和加强粮食文化建设的经验做法。徐鸣同志出席会议并讲话。

9月29日、9月30日，国家粮食局召开第15次局长办公会议，传达学习李克强总理重要批示，研究国办发〔2017〕78号文件相关任务局内分工落实方案；听取2017年世界粮食日和全国爱粮节粮宣传周主会场活动暨"优质粮食工程"启动仪式筹备情况的汇报；审议《国家粮食管理平台优化方案》；听取全国秋粮收购工作会议情况汇报；听取"大快严"集中行动部门联合督查情况和第二轮跨省交叉执法检查有关工作汇报；审议《国家粮食电子交易平台建设方案》；审议《粮食流通管理条例（修订送审稿）》《中央储备粮管理条例（修订送审稿）》和《粮食安全保障法》立法项目建议。张务锋同志主持，徐鸣、曾丽瑛、赵中权、卢景波同志出席。

十月

10月15日，张务锋同志带领局机关和直属联系单位100名党员干部赴北京展览馆，参观"砥砺奋进的五年"大型成就展。大家集中观看《不忘初心砥砺奋进》大型纪录片，仔细阅览各种展板、图表，认真聆听讲解，感受党的十八大以来，以习近平同志为核心的党中央团结带领全党全军全国各族人民，坚持和发展中国特色社会主义，统筹推进"五位一体"总体布局、协调推进"四个全面"战略布局，改革开放和社会主义现代化建设取得的辉煌成就。

10月16日，国家粮食局、农业部、教育部、科技部、全国妇联和联合国粮农组织在京联合举办2017年世界粮食日和全国爱粮节粮宣传周主会场活动，活动现场发布首届全国爱粮节粮之星并颁奖，举行了"优质粮食工程"启动仪式。张务锋同志出席活动并讲话，农业部国际合作司副司长唐盛尧、联合国粮农组织驻华代表马文森分别致辞，曾丽瑛、赵中权、何毅同志出席。

10月20日，由国家粮食局与联合国世界粮食计划署（WFP）中国办公室合作举办的"小农户粮食产后处理及仓储管理"培训班开班。此次培训旨在分享我国在粮食储存、产后减损等方面的技术和经验，深化国家粮食局与WFP在南南合作方面的伙伴关系，共同为保障世界粮食安全作出积极贡献。曾丽瑛同志出席开班式并讲话。

10月26日，国家粮食局先后召开第19次局党组会议和全局党员干部大会，传达学习党的十九大和十八届七中全会精神，对深入学习宣传贯彻党的十九大精神、扎实做好当前粮食流通改革发展各项工作作出动员部署。张务锋同志对国家粮食局深入学习宣传贯彻党的十九大精神提出三方面的要求：一是要充分认识党的十九大的重要意义，进一步增强思想和行动自觉；二是迅速掀起学习贯彻党的十九大精神的热潮；三是坚持用党的十九大精神武装头脑指导实践推动工作。徐鸣、曾丽瑛、赵中权、卢景波同志出席。何毅同志出席全局党员干部大会。

10月27日，国家粮食局举行专题报告会，邀请国家粮食安全政策专家咨询委员会顾问陈锡文、主任委员张晓强、委员岳国君，国务院发展研究中心农村部部长、研究员叶兴庆等4位专家作报告。张务锋、曾丽瑛、赵中权、何毅同志出席。

10月27日至11月4日，卢景波同志率团访问阿根廷和乌拉圭。代表团分别与阿根廷农业产业部、乌拉圭牧农渔业部举行部长级会谈，并召开"中阿粮食合作联合委员会"首次工作会议；参观阿根廷罗萨里奥港口和乌拉圭国家农业研究院，粮油加工企业和农民合作社；实地调研中粮集团在阿根廷提布斯产业园，协调解决中粮遇到的实际困难。代表团还先后与我国驻阿根廷、乌拉圭使馆经商处进行了工作会商。通过访问，进一步深化了我国与阿、乌两国在粮食流通领域的交流与合作。

10月31日，国家粮食局召开第20次局党组会议，传达学习中央国家机关学习宣传贯彻党的十九大精神动员部署会暨"党组书记谈十九大"座谈会精神；审议《中共国家粮食局党组巡视工作实施办法（修订稿）》《被巡视司室、单位党组织配合局党组专项巡视工作规定》和《中共国家粮食局党组关于支持配合中央纪委驻国家发展改革委纪检组开展党内专责监督工作的实施方案》。张务锋同志主持，徐鸣、曾丽瑛同志出席。

十一月

11月2日，国家粮食局召开专项巡视全覆盖工作总结和加快整改会议，认真贯彻落实党的十九大精神，对一年来局党组专项巡视全覆盖作全面总结，对持续强化问题整改进行再动员再部署，推动机关党的建设和全面从严治党向纵深发展。张务锋同志出席会议并讲话，徐鸣同志主持，曾丽瑛同志宣读局党组对巡视工作先进个人进行表扬的通报，赵中权同志作专项巡视全覆盖工作总结报告。

11月5日，国家粮食局召开第21次局党组会议，传达学习《中共中央关于认真学习宣传贯彻党的十九大精神的决定》；听取关于党的十八大以来粮食流通改革发展情况和贯彻落实十九大精神保障国家粮食安全措施意见的汇报等。张务锋同志主持，徐鸣、曾丽瑛、卢景波同志出席。

11月6日至7日，国家粮食局、财政部在湖北省武汉市召开加快推进实施"优质粮食工程"现场经验交流会。会议学习交流了"优质粮食工程"典型经验，座谈讨论了工程实施进展、各地具体做法及存在的问题，研究部署了加快推进实施"优质粮食工程"的具体措施。徐鸣同志出席会议并讲话。

11月7日，国家粮食局在报国寺老干部活动中心举行粮食工作情况通报会，张务锋同志出席会议并向离退休干部传达党的十九大精神，通报近期粮食流通改革发展情况。曾丽瑛同志出席。

11月9日，国家粮食局在天津市召开座谈会，听取北京、天津、河北、黑龙江、山东5省市粮食局以及山东省滨州市、河北省承德市粮食局有关情况汇报和意见建议，对认真学习贯彻党的十九大精神特别是关于保障国家粮食安全的决策部署提出明确要求，对统筹谋划下一步工作思路、加快粮食安全保障立法、深化国有粮食企业改革等进行了深入研究。张务锋同志主持会议，卢景波同志出席。

11月9日至10日，张务锋同志带队赴天津调研粮食流通改革发展重点工作，深入粮食企业、粮油码头和项目建设现场，全面了解粮食物流、仓储管理、粮油加工、市场供应、产销合作等有关情况。期间，张务锋同志与天津市委常委、常务副市长段春华就做好粮食工作、保障粮食安全进行了认真会商和深入交流。

11月17日，卢景波同志会见加拿大谷物委员会主任派蒂·米勒女士一行。双方回顾了长期以来的友好合作，并就下一步落实已签署的合作谅解备忘录进行了积极讨论，表示将制订具体执行计划，明确深化在粮食标准制订、质量安全检测、科技研发、人员互访等方面的交往与合作。

11月21日，国家粮食局召开第22次局党组会议，传达学习和研究落实张高丽副总理在黑龙江考察调研时重要讲话精神；传达学习《中共中央政治局关于加强和维护党中央集中统一领导的若干规定》和《中共中央政治局贯彻落实中央八项规定实施细则》，研究贯彻落实的措施意见；扩大审议《中共国家粮食局党组关于激励干部担当作为干事创业的意见（试行）》等。张务锋同志主持，徐鸣、曾丽瑛、卢景波同志出席。

11月24日，国家粮食局举办第三期"粮食流通改革发展"论坛，邀请河北省柏乡粮库党总支书记、主任尚金锁和浙江省储备粮管理有限公司党委书记、董事长黄志军分别作专题报告，介绍两家基层国有粮食企业学思践悟十九大精神，积极传承弘扬"四无粮仓"精神和"宁流千滴汗、不坏一粒粮"行业优良传统，推动基层国有粮食企业转型升级、提质增效，全面加强基层党组织建设和干部队伍建设的经验做法。徐鸣同志主持，曾丽瑛、卢景波、何毅同志出席。

11月29日，张务锋同志会见湖南省政府副省长隋忠诚一行，就抓好粮食收储、实施"优质粮食工程"和加强粮食仓储设施建设等相关工作进行了座谈会商。曾丽瑛同志出席。

11月28日至30日，国家粮食局在江西省南昌市举办2017年粮食流通执法督查培训班，对当前粮食流通监管重点任务、粮食安全保障立法修规方向和下步修订内容、粮油仓储管理有关规定、粮食质量安全管理规范等内容进行培训。各省（区、市）粮食部门监督检查行政执法人员、涉粮案件核查应急队伍人员、有关央企涉粮监管人员300余人参加培训。徐鸣同志出席开班仪式并讲话。

11月29日，全国粮食期刊宣传工作座谈会在京召开。会议认真学习党的十九大精神，特别是乡村振兴战略和"确保国家粮食安全，把中国人的饭碗牢牢端在自己手中"的重要论述；传达张务锋同志对全国粮食期刊宣传工作的重要批示；总结交流各地办刊经验，对今后的粮食期刊宣传工作进行部署。曾丽瑛同志出席并讲话。

11月，中央编办批复国家粮食局以监督检查司为基础成立执法督查局，强化中央事权粮食特别是中央储备粮的行政监管职能。

十二月

12月1日，国家粮食局举办第四期"粮食流通改革发展论坛"，邀请党的十九大文件起草

组成员、中央宣讲团成员、国务院发展研究中心副主任王一鸣作党的十九大精神专题辅导。张务锋同志主持，徐鸣、曾丽瑛、何毅同志出席。

12月7日，国家粮食局召开第24次局党组会议，传达学习中央宣传部、中央组织部关于认真组织学习《习近平谈治国理政》（第二卷）的通知精神，研究贯彻落实的意见；听取关于参加"学习贯彻党的十九大精神进一步推进干部监督工作座谈会"的情况报告等。张务锋同志主持，曾丽瑛、卢景波同志出席。

12月13日至14日，张务锋同志带队赴安徽省阜南县调研督导定点扶贫工作。张务锋同志一行实地调研考察了阜南县部分乡镇的经济发展和扶贫情况，到洪河桥镇盛郢村走访慰问了部分困难群众，实地查看国家粮食局支持的盛郢小学和光伏发电站情况，看望局选派的挂职干部和驻村第一书记。期间，张务锋同志与阜阳市、阜南县党委、政府和有关部门负责同志进行座谈，听取了阜南县经济社会发展、脱贫攻坚和粮食工作等情况汇报，研究共同做好脱贫攻坚工作的思路和举措。

12月20日，张务锋同志和徐鸣、曾丽瑛、卢景波同志会见广西壮族自治区政府副主席张秀隆一行。

12月20日，国家粮食局直属机关团委举办"认真学习十九大、青春添彩粮食梦"主题知识竞赛活动。徐鸣同志出席活动，为青年干部作学习党的十九大精神辅导报告。

12月21日，国家粮食局召开第27次局党组会议，传达学习贯彻中央经济工作会议精神。张务锋同志主持，徐鸣、曾丽瑛、卢景波同志

出席。

12 月 25 日，国家粮食局召开第 28 次局党组会议，传达学习习近平总书记重要批示，研究贯彻落实意见；传达学习全国组织部长会议精神；传达中组部任职通知等。张务锋同志主持，曾丽瑛、卢景波同志出席。

12 月 26 日，国家粮食局召开全国粮食财

会网络知识竞赛和专题征文活动表彰会暨"深化改革转型发展"座谈会。卢景波同志出席并讲话。

12 月 27 日，国家粮食局组织举办粮食流通改革发展青年论坛。张务锋、徐鸣、曾丽瑛、卢景波、韩卫江、何毅同志出席活动。受张务锋同志委托，曾丽瑛同志代表局党组讲话。

二 2017/2018 年度国际粮油市场回顾

2017 年全球谷物产量比上年有所下降，而消费同比增加，因此库存水平下降，但仍是历史次高水平，全球谷物供需状况总体仍较宽松。根据美国农业部 2018 年 3 月份数据（下同），2017/18 年度全球谷物产量为 25.67 亿吨，同比减少 3400 万吨，减幅 1.32%；消费量为 25.74 亿吨，同比增加 3512 万吨，增幅 1.39%；库存量为 6.38 亿吨，同比减少 1630 万吨，减幅 2.49%。2017/18 年度全球油料产量为 5.74 亿吨，同比减少 80 万吨，减幅 0.14%；消费量为 4.89 亿吨，同比增加 1830 万吨，增幅 3.89%；库存量为 1.07 亿吨，同比减少 134 万吨，减幅 1.23%。

（一）小麦

2017 年全球小麦产量创历史最高纪录。根据美国农业部数据，2017/18 年度全球小麦产量为 7.59 亿吨，比上年增加 828 万吨，增幅 1.10%。本年度美国、哈萨克斯坦、中国和欧盟小麦播种面积减少。除此之外，其他主产国小麦

播种面积均较上年增加。俄罗斯小麦播种面积扩大，再加上生长季节天气情况良好，单产较上年显著增加，预计 2017/18 年度俄罗斯小麦产量为 8499 万吨，同比增加 1246 万吨，增幅 17.18%。2017/18 年度美国小麦播种面积下滑，单产也下降，预计小麦总产量为 4737 万吨，同比减少 1546 万吨，减幅 24.61%。2017/18 年度澳大利亚小麦面积增加，但干旱造成小麦单产大幅下降，预计产量为 2150 万吨，比上年创纪录水平大幅减产，同比减少 886 万吨，减幅 29%。

全球小麦消费量增加。预计 2017/18 年度全球小麦消费量为 7.42 亿吨，同比增加 690 万吨，增幅 0.94%。相比玉米，小麦价格优势有所下降，全球小麦饲用量在上年基础上有所下降。预计 2017/18 年度全球小麦饲用量为 1.45 亿吨，同比减少 252 万吨，减幅 1.71%。小麦食用和工业消费量维持增长态势。预计 2017/18 年度全球小麦食用、饲用和种用消费量为 5.98 亿吨，同比增加 942 万吨，增幅 1.6%。

全球小麦贸易量增加。预计2017/18年度全球小麦进口量为1.82亿吨，同比增加254万吨，增幅1.41%；小麦出口量为1.82亿吨，同比减少125万吨，减幅0.68%。美国小麦产量下降使得其出口供应能力下降，预计2017/18年美国小麦出口量为2517万吨，同比减少354万吨，减幅12.33%。澳大利亚小麦产量大幅下降，出口量也明显下滑，预计2017/18年度澳大利亚小麦出口量为1600万吨，同比减少664万吨，减幅29.34%。俄罗斯小麦增产，小麦出口大幅增加，预计2017/18年度俄罗斯出口小麦3750万吨，同比增加969万吨，增幅34.85%。

全球小麦库存增加。预计2017/18年度全球小麦库存量为2.69亿吨，同比增加1629万吨，增幅6.45%。印度、欧盟由于产量增加，库存增幅较大。预计2017/18年印度小麦期末库存量为1131万吨，同比增加151万吨，增幅15.41%；欧盟小麦期末库存量为1412万吨，同比增加335万吨，增幅31.10%。

2017年国际小麦市场价格表现为倒"V"形行情。上半年，美国农业部预计美国小麦种植面积将下降，市场出于对供应的担忧，小麦价格稳中上扬，并于7月初达到年中高点。下半年随着俄罗斯、土耳其、巴基斯坦、印度小麦丰产，市场供应充裕，小麦价格持续下滑。截至2017年12月29日，芝加哥期货交易市场小麦主力合约价格为427美分/蒲式耳，比年初下跌了20美分/蒲式耳，降幅4.91%。

图1　全球小麦供求情况

（二）大米

2017年全球大米产量持平略增。根据美国农业部数据，2017/18年度全球大米产量为4.86亿吨，同比持平略增11万吨，其中主产国大多保持增产。预计2017/18年度印度产量为1.1亿吨，比上年增加30万吨，增幅0.27%；预计2017/18年度泰国大米产量为2040万吨，同比增加120万吨，增幅6.25%；预计2017/18年度越南大米产量为2845万吨，同比增加105万吨，增幅3.83%；预计2017/18年度中国大米产量为 1.46 亿吨，同比增加 104 万吨，增幅 0.71%。

全球大米消费量增加。预计 2017/18 年度全球大米消费量为 4.80 亿吨，同比增加 350 万吨，增幅 0.73%。预计 2017/18 年度印度大米消费量为 9755 万吨，同比增加 122 万吨，增幅 1.27%；预计菲律宾 2017/18 年度大米消费量为 1290 万吨，同比持平。

全球大米出口量持平略增。根据美国农业部数据，预计 2017/18 年度全球大米进口量为 4786 万吨，同比略增 11 万吨。印度是全球大米出口第一大国，其次是泰国。预计 2017/18 年度印度大米出口量 1300 万吨，较上年增加 70 万吨，增幅 5.69%。预计 2017/18 年度泰国大米出口量为 1020 万吨，同比减少 142 万吨，减幅 12.18%。中国进口量较上年增加，继续位于全球大米进口量首位。

全球大米库存量增加。预计 2017/18 年度全球大米库存量为 1.43 亿吨，同比增加 578 万吨，增幅 4.21%。

2017 年国际大米价格先扬后抑。近几年泰国大力销售之前高价收购的大米，到 2017 年上半年泰国陈米库存基本消化完毕，出口供应减少，且新米价格上涨，带动亚洲大米价格走强。从 7 月份开始，亚洲和非洲买家需求疲软以及新季稻米即将收获上市，供应压力增加，大米价格开始从年中高点回落。统计数据显示，截至 2017 年末，泰国 100% B 级大米离岸价为 399 美元 / 吨，比年初上涨 21 美元 / 吨；越南 5% 破碎大米离岸价为 388 美元 / 吨，较年初上涨 51 美元 / 吨；巴基斯坦 5% 破碎大米离岸价为 395 美元 / 吨，比年初上涨 40 美元 / 吨。

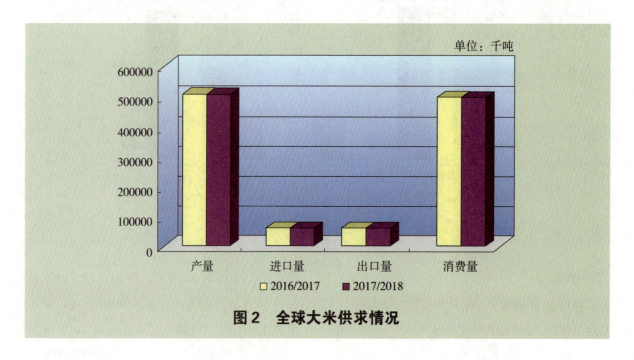

图 2　全球大米供求情况

（三）玉米

2017 年全球玉米产量下降。根据美国农业部数据，2017/18 年度全球玉米产量为 10.42 亿吨，同比减少 3349 万吨，减幅 3.11%。美国、阿根廷、巴西、中国玉米产量减少是全球产量下降的主要原因。预计 2017/18 年度美国玉米产量为 3.71 亿吨，同比减少 1382 万吨，减幅 3.59%；2017/18 年度阿根廷玉米产量为 3600 万吨，同比减少 500 万吨，减幅 12.20%；预计 2017/18 年度巴西玉米产量为 9450 万吨，同比减少 400 万吨，减幅 4.06%；预计 2017/18 年中国玉米产量为 2.16 亿吨，同比减少 366 万吨，减幅 1.67%。

预计 2017/18 年度全球玉米出口量为 1.56 亿吨，同比减少 387 万吨，减幅 2.42%。玉米主产国中，巴西出口增长，阿根廷和美国出口下降。预计 2017/18 年度巴西玉米出口量为 3500 万吨，同比增加 330 万吨，增幅 10.41%；阿根廷玉米出口量为 2500 万吨，同比减少 50 万吨，减幅 1.96%。美国玉米出口量为 5652 万吨，同比减少 172 万吨，减幅 2.95%。

全球玉米消费量增加。预计 2017/18 年度全球玉米消费量为 10.74 亿吨，同比增加 1606 万吨，增幅 0.52%。其中玉米饲用消费仍维持较高的增速，预计 2017/18 年度全球玉米饲用消费量为 6.54 亿吨，同比增加 2217 万吨，增幅 3.51%。其中，中国玉米饲料消费较上年有较大幅度增长，从上年度的 1.62 亿吨增加到 2017/18 年度的 1.67 亿吨，同比增加 500 万吨，增幅 3.1%。玉米食用与工业消费也有所增加。预计 2017/18 年度全球玉米食用与工业消费量为 4.12 亿吨，同比增加 969 万吨，增幅 2.41%。

全球玉米库存大幅回落。预计 2017/18 年度全球玉米库存为 1.99 亿吨，低于过去 3 年水平，同比减少 3269 万吨，减幅 14.10%。主要玉米生产国的库存水平均呈下降趋势，美国、巴西玉米库存下降尤为明显。预计 2017/18 年度美国玉米期末库存量为 5404 万吨，同比减少 422 万吨，减幅 7.24%。预计 2017/18 年度巴西玉米期末库存量为 1142 万吨，同比减少 260 万

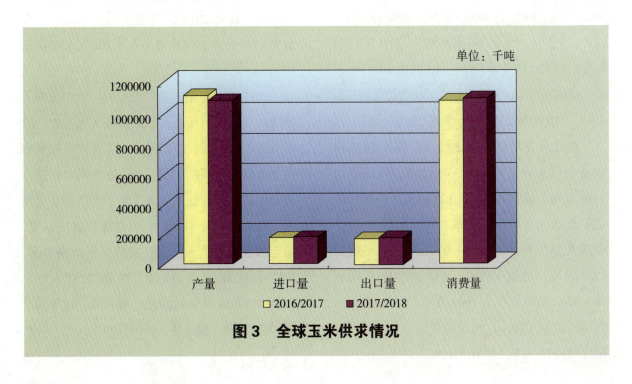

图 3　全球玉米供求情况

吨，减幅 18.55%。

2017 年国际玉米价格年内波动幅度较大。上半年受美国玉米播种面积下降以及干旱天气的影响，玉米价格呈现震荡上行的态势。8 月份美国玉米主产区出现有利降雨，气候条件转好，单产预期向好，玉米价格快速下滑，之后玉米期价持续低位震荡。截至 2017 年 12 月 30 日，芝加哥期货市场玉米主力合约价格为 350.75 美分 / 蒲式耳，比年初下跌 5 美分 / 蒲式耳。虽然年度价格变化不明显，但年内波动幅度达 65 美分 / 蒲式耳。

（四）大豆

2017 年全球大豆产量下降，但仍为历史次高水平。根据美国农业部数据，2017/18 年度全球大豆产量为 3.41 亿吨，同比减少 1046 万吨，减幅 2.98%。大豆减产主要来自阿根廷，因为气候条件不利，单产大幅下降，预计 2017/18 年度阿根廷大豆产量为 4700 万吨，同比减少 1080 万吨，减幅 18.68%。另外，巴西大豆略有减产，美国增产部分弥补南美减产。预计 2017/18 年度巴西大豆产量为 1.13 亿吨，同比减少 110 万吨，减幅 0.96%；美国大豆产量达创纪录的 1.20 亿吨，同比增加 260 万吨，增幅 2.22%。

全球大豆消费量同比增加。预计 2017/18 年度全球大豆消费量为 3.44 亿吨，同比增加 1400 万吨，增幅 4.25%。压榨消费量的增加推动了全球大豆消费量提高。预计 2017/18 年度全球大豆压榨消费量为 3.01 亿吨，同比增加 1236 万吨，增幅 4.28%。预计 2017/18 年度全球大豆食用消费量为 1904 万吨，同比增加 86 万吨，增幅 4.70%；饲用消费量为 2388 万吨，同比增加 79 万吨，增幅 3.42%。

全球大豆贸易量增加。预计 2017/18 年度全球大豆进口量为 1.51 亿吨，同比增加 699 万吨，增幅 4.84%。中国需求旺盛，预计 2017/18 年度大豆进口量将达到 9700 万吨，同比增加 351 万吨，增幅 3.75%。全球大豆出口量为 1.51 亿吨，同比增加 315 万吨，增幅 2.13%。大豆主产国中，巴西出口量大幅增加，首次突破 7000 万吨，美国出口量有所下降。预计 2017/18 年度巴西大豆出口量为 7050 万吨，同比增加 736 万吨，增幅 11.66%；美国大豆出口量为 5620 万吨，同比减少 296 万吨，减幅 5.00%。

全球大豆库存量下降。预计 2017/18 年度全球大豆库存量为 9440 万吨，同比减少 225 万吨，减幅 2.33%。主产国中，巴西、阿根廷大豆库存下降，美国大豆期末库存量急剧增加。预计 2017/18 年度巴西大豆库存量为 2167 万吨，同比减少 380 万吨，减幅 14.92%；阿根廷大豆库存量为 3120 万吨，同比减少 502 万吨，减幅 13.86%。预计 2017/18 年度美国大豆期末库存量为 1510 万吨，同比增加 689 万吨，增幅高达 83.98%。

2017 年上半年，美国大豆播种面积预期大幅增加，南美产区巴西和阿根廷天气改善、巴西雷亚尔大幅贬值等因素，对美豆期价构成利空，大豆价格震荡下跌。8 月份美国大豆进入关键生长期，美豆单产表现低于美国农业部预期，南美降雨分布不均，大豆播种进度偏慢，加上大豆出口需求强劲，支持美豆价格上涨。2017 年 12 月 29 日，美国芝加哥 CBOT 大豆主力合约收盘价为 962.5 美分 / 蒲式耳，比年初下降 33.75 美分 / 蒲式耳，跌幅 3.39%。

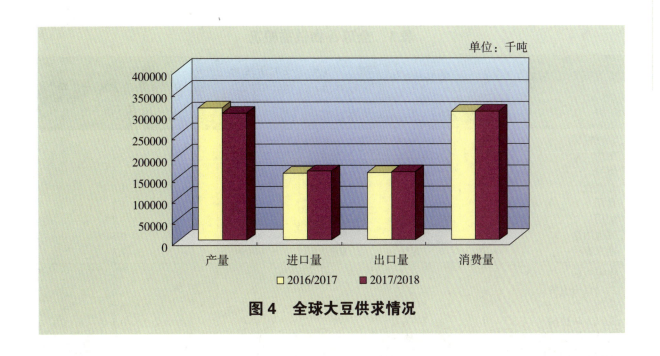

单位：千吨

图4 全球大豆供求情况

产量　进口量　出口量　消费量
□ 2016/2017　■ 2017/2018

三 联合国粮农组织（FAO）2018 年全球粮食形势展望

联合国粮农组织（Food and Agriculture Organization，以下简称"FAO"）于 2018 年 7 月发布了最新全球粮食形势展望报告。

FAO 预测，2018 年全球谷物产量将达到 25.86 亿吨（含碾米），比 2017 年的历史最高产量少 6450 万吨，同比下降 2.4%。全球玉米减产是造成 2018 年全球谷物减产的主要原因。预计 2018 年全球小麦产量将下降，而全球稻米产量有望创历史新高。

2018/19 年度全球谷物消费量预计将达到 26.41 亿吨，较上年度增加 2650 万吨，涨幅 1%。2018/19 年度全球主要谷物品种的总体消费量将

与全球粮食消费需求保持同步增长，饲用和工业消费量也将继续增长。

按照当前预测数据，全球谷物产量将无法满足 2018/19 年度全球谷物消费需求。因此，FAO 预测，2018 年全球谷物库存将比期初库存下降 7%，降至 7.49 亿吨。2018/19 年度全球谷物库存消费比将出现 4 年来的首次下降，从上年度的 30.6% 下降至 27.7%，但仍远高于 2007/08 年度 20.4% 的历史最低水平。在主要谷物品种中，预计玉米库存降幅最大，小麦和大麦库存也将有所下降，而稻米库存将实现三连增。

表 1　全球谷物供需概况

	2016/17 年	2017/18 年估计值	2018/19 年预测值	年度变化 2018/19 年较 2017/18 年
	百万吨			%
全球情况				
生产	2612.7	2650.8	2586.2	−2.4
贸易	405.3	410.9	412.1	0.3
总消费	2571.3	2614.9	2641.4	1.0
食用	1103.6	1118.0	1130.9	1.1
饲用	918.3	931.5	942.3	1.2
其他用途	549.4	565.3	568.3	0.5
期末库存	779.0	807.9	748.9	−7.3
供需指标 人均食用消费：				
全球（公斤/年）	147.8	148.1	148.2	0.1
低收入缺粮国家（公斤/年）	146.6	146.7	146.0	−0.5
全球库存消费比（%）	29.8	30.6	27.7	
主要出口国库存消耗比（%）	17.3	17.7	15.3	
FAO 谷物价格指数（2002~2004=100）	2016 年	2017 年	2018 年 1~6 月	变化 2018 年 1~6 月较 2017 年 1~6 月 %
	147	152	165	10.9

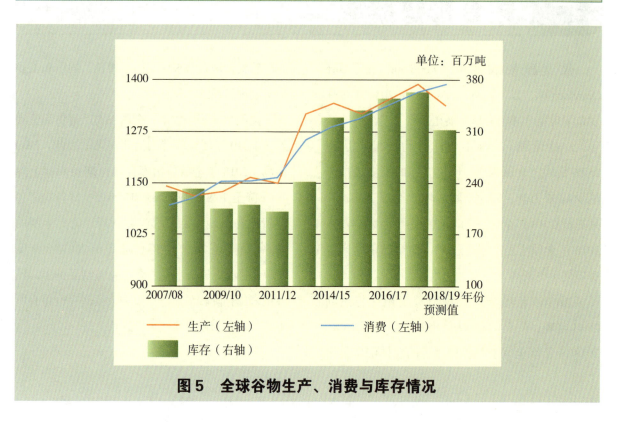

图 5　全球谷物生产、消费与库存情况

2018/19 年度全球谷物贸易仍将保持强劲势头。预计全球小麦贸易量将超上年度，但仍低于 2016/17 年度的历史最高水平。受玉米、大麦和高粱进口需求的支撑，预计全球粗粮贸易量将接近历史最高水平。预计 2018 年和 2019 年全球稻米贸易量将与 2017 年的历史最高纪录持平。

预计 2018/19 年度全球小麦市场供应充足。由于天气原因导致小麦单产下降，FAO 预测，2018 年全球小麦产量将达到 7.361 亿吨，同比下降 2.7%，尤其是在独联体小麦主产国，其减产量大于美洲地区的小幅增产量。由于全球小麦食用、饲用及工业消费需求稳步增长，预计全球小麦消费量将达到 7.41 亿吨，创历史新高。

（一）小麦

尽管全球小麦产量将出现小幅下降，但

表 2　全球小麦供需概况

	2016/17 年	2017/18 年估计值	2018/19 年预测值	年度变化 2018/19 年较 2017/18 年
	百万吨			%
全球情况				
生产	757.2	756.8	736.1	−2.7
贸易	176.4	173.5	175.0	0.9
总消费	734.8	738.2	741.1	0.4
食用	498.1	503.5	508.9	1.1
饲用	143.1	142.8	143.6	0.6
其他用途	93.7	91.9	88.5	−3.6
期末库存	256.3	273.4	264.2	−3.3
供需指标 **人均食用消费：**				
全球（公斤/年）	66.7	66.7	66.7	0.0
低收入缺粮国家（公斤/年）	53.1	52.9	52.6	−0.6
全球库存消费比（%）	34.7	36.9	34.9	
主要出口国库存消耗比（%）	19.8	20.8	16.8	
FAO 小麦价格指数 （2002~2004=100）	2016 年	2017 年	2018 年 1~6 月	变化 2018 年 1~6 月较 2017 年 1~6 月 %
	125	133	144	12.4

全球小麦产量下降，消费量增加，导致库存下降。预计2019年全球小麦期末库存将较期初库存下降3.3%，为2.64亿吨。小麦主要出口国库存量降幅最大，尤其是俄罗斯、欧盟和美国。因此，尽管2018/19年度全球小麦库存消费比将略微下降，但全球主要小麦出口国期末库存消费（国内消费量与出口量之和）比将从2017/18年度的20.8%下降至16.8%，为5年来最低。全球主要小麦出口国期末库存消费比能更好地反映全球市场供给情况。

预计2018/19年度小麦贸易量将达到1.75亿吨，比上年度增加150万吨，但仍低于2016/17年度的历史最高水平。主要是因为亚洲、拉丁美洲和加勒比地区一些国家增加了小麦进口量。尽管俄罗斯小麦出口量可能大幅下降，但据预计，其仍将连续第二年成为全球小麦最大出口国。预计其他独联体小麦主要出口国、阿根廷和澳大利亚将减少出口量。预计加拿大、欧盟和美国将增加出口量，占据更大的市场份额。

虽然全球小麦供给充足，出口市场竞争激烈，但国际小麦价格仍保持坚挺，总体高于上年水平。由于对小麦丰产的预期持续影响价格走势，近几周大多数大宗商品市场上小麦价格走弱，向小麦报价施加了下行压力。

1. 小麦生产

FAO预计，2018年全球小麦产量将达到7.36亿吨，比2017年减少2070万吨，下降2.7%。由于欧盟、俄罗斯和亚洲独联体国家受天气影响单产有所下降，预计减产主要集中在这些地区。美洲小麦产量小幅提升，部分弥补了减产。

在欧洲，由于俄罗斯小麦减产，预计2018年小麦总产量将有所下降。在俄罗斯，5月份的不利天气导致冬小麦单产下降，湿冷天气进一步导致春小麦产量下降。预计2018年俄罗斯小麦产量将较2017年的最高值下降16%，降至7200万吨。由于缺乏降水，预计乌克兰小麦产量将同比下降10.5%，为2340万吨。由于价格走低导致主要生产国减少小麦播种面积，预计欧盟小麦产量将减少到1.47亿吨。

在北美，由于春小麦增产量大于单产下降和收获面积减少造成的冬小麦减产量，预计美国小麦产量将小幅提升，达到4970万吨，增幅5%，但仍远低于前5年平均水平。由于加拿大增加了春小麦播种面积，预计其2018年小麦产量将增加4%，达到3130万吨。

亚洲小麦正处于收割季。预计2018年小麦产量将略有下降，减产主要来自中国。由于中国政府调低了小麦最低收购价，导致播种面积减小，预计其2018年小麦产量将同比下降2.3%，为1.27亿吨。由于冬季降水不足导致单产下降，预计独联体国家，尤其是塔吉克斯坦、土库曼斯坦、乌兹别克斯坦等国，小麦产量均有所减少。预计巴基斯坦小麦产量将小幅下降，接近5年平均水平。印度小麦单产将达到历史新高，抵消了播种面积的减少，小麦产量将略高于上年历史最高水平。

近东地区小麦已接近收获尾期。土耳其小麦产量预计将达到2100万吨，略低于上年历史最高纪录。由于冲突不断，持续限制农业生产，阿富汗、伊拉克和叙利亚小麦产量预计将继续低于平均水平。

在北非，2、3月份的及时降雨补偿了早

些时候的雨水不足，改善了 2018 年小麦单产预期。因此，阿尔及利亚、埃及和摩洛哥小麦产量预计略增。然而，突尼斯受持续干旱的影响，小麦产量将降至历年平均水平左右。

澳大利亚正处于小麦播种季节。尽管干旱天气仍在继续，小麦单产仍将高于上年锐减的水平，同时也弥补了播种面积减少带来的减产。因此，2018 年澳大利亚小麦产量将较上年有小幅增长。

在南美，近几个月的有利降水和价格上涨将促使阿根廷扩大播种面积，预计其产量将提升至 2000 万吨，较上年增加 8%。在中美洲和加勒比地区，由于土壤含水量不足，导致小麦播种面积创历史新低，小麦主产国墨西哥 2018 年产量将低于平均水平。

2. 小麦消费

预计 2018/19 年度全球小麦消费量将达到 7.41 亿吨，创历史新高，较上年度的预估值增加 0.4%。预计全球小麦直接食用消费量将接近 5.09 亿吨，增幅 1.1%，与全球人口增幅大体保持一致。全球小麦人均消费量将稳定在 66.7 公斤 / 年，发展中国家小麦人均消费量为 60 公斤 / 年，发达国家小麦人均消费量为 95 公斤 / 年。

预计 2018/19 年度全球小麦动物饲料消费量约为 1.44 亿吨，较上年度增加 0.6%。欧盟是饲用小麦的最大传统消费市场，其小麦饲用消费量预计在 2018/19 年度将达到 5600 万吨，接近历史最高水平，较 2017/18 年度的预估值高出 1%。尽管预计小麦产量将下降，同时出口量将增加，但欧盟内部小麦供给仍然宽松，这也刺激了 2018/19 年度欧盟小麦饲用消费量的增长。

根据国际谷物理事会（IGC）的最新（2018 年 5 月）预测，全球小麦工业用量约为 2350 万吨，较 2017/18 年度增加 2.7%，主要是由于欧盟使用更多小麦生产淀粉。小麦产后损失，作为小麦消费的一部分，预计将较上年减少至少 3%，主要是因为 2018 年全球小麦产量下降。总体而言，产后损失量与产量密切相关。

3. 小麦库存

基于当前对 2018 年小麦产量和 2018/19 年度消费量的预测，2019 年全球小麦期末库存将下降至少 900 万吨（3.3%），为 2.64 亿吨。FAO 调低了 2018/19 年度全球小麦期末库存数值，比 6 月调减了 1900 万吨，降幅 6.8%。

全球小麦库存下降主要来自独联体国家，俄罗斯一个国家的结转库存就将减少 40%。欧盟和美国的小麦库存由于产量下降，也将大幅减少。与此形成对比的是，中国小麦库存将实现四连增。尽管小麦预计减产，但国内产量仍远超预期消费量，因此，中国小麦库存将较已经高企的期初库存增加 900 万吨左右（8.8%），达到 1.11 亿吨。印度小麦大丰收，结转库存大幅增加，小麦库存将较期初库存增加 300 万吨，达到 2100 万吨，创 4 年来最高。

2018/19 年度全球小麦库存消费比预计将从上年度的 36.9% 小幅降至 34.9%，但仍远高于 2007/08 年度 23.4% 的历史最低水平。然而，如果将中国排除在外，全球小麦库存消费比降幅将大大增加。因为中国不仅拥有全球最大的小麦库存量，其 2018/19 年度小麦结转库存增幅也是最大。全球主要小麦出口国期末库存消费（国内消费量与出口量之和）比预计将从 2017/18 年度的 20.8% 下降至 2018/19 年度的 16.8%，为 5 年来最低。全球主要小麦出口国（不包含中国）期末库存消费比能更好地反映全球市场供给情况，该指标的下降表示国际小麦市场供应可能趋紧。除阿根廷和加拿大小麦结转库存将增加外，其他小麦主要出口国的库存都将在 2018/19 年度锐减，尤其是俄罗斯、美国和欧盟。

4. 小麦贸易

根据 FAO 最新预测，2018/19 年度（7 月 / 6 月）全球小麦贸易量将达到 1.75 亿吨，较 2017/18 年度增加 150 万吨，仍比 2016/17 年度的历史最高贸易量低 100 万吨。贸易量小幅增长主要是因为亚洲和拉丁美洲一些国家将增加小麦进口量，其他地区小麦进口量预计将保持接近 2017/18 年度的水平。

在亚洲，2018/19 年度小麦进口量预计将接近 8900 万吨，较 2017/18 年度增加 60 万吨。预计阿富汗、伊朗和伊拉克将增加小麦进口量，抵消了土耳其等国小麦进口量的减少。大多数亚洲小麦进口国的进口量将接近上年度水平。5 月，伊朗与欧亚经济联盟（EAEU）签订了 3 个临时自贸协定，导致伊朗本年度小麦进口量增加。印度国内供应量增加，小麦进口量预计为 150 万吨，与 2017/18 年度持平，远低于 2016/17 年度 610 万吨的历史最高水平。印度考虑到今年小麦产量将创新高，于 5 月将小麦进口关税从 20% 提高到了 30%。

在拉丁美洲和加勒比地区，由于最大的小麦进口国巴西增加了小麦进口量以满足国内对小麦消费的需求，预计 2018/19 年度小麦进口

量将接近 2500 万吨，较 2017/18 年度增加约 100 万吨。该地区第二大小麦进口国墨西哥由于国内减产，预计也将增加小麦进口量。

在非洲，小麦进口量预计将保持在 4840 万吨。全球小麦最大进口国埃及预计将进口 1250 万吨小麦，较 2017/18 年度增加 4%，创历史新高，以满足国内不断增长的小麦食用消费需求。摩洛哥小麦进口量将小幅增加。阿尔及利亚小麦产量预计将有所恢复，将减少小麦进口量。突尼斯由于国内小麦可能减产，将增加小麦进口量。今年早些时候，埃及修改了进口小麦相关标准要求，根据小麦来源地，降低了蛋白质最低含量标准（现在为 11%~11.5%）。

在欧洲，预计 2017/18 年度小麦进口量将大体不变，整体保持在 800 万吨。欧盟进口量占比最大，为 550 万吨，与 2017/18 年度进口量持平。虽然预计欧盟小麦产量将下降，但由于上年度结转库存量较大，2018/19 年度欧盟总体供应形势仍然宽松。

关于出口，预计欧盟小麦出口量年度增幅最大，主要由于来自黑海地区小麦出口国的竞争减少。预计欧盟小麦出口量将达到 2750 万吨，较 2017/18 年度回升 31%。预计美国小麦出口量将增加至 2500 万吨，增幅约 9%。预计加拿大小麦出口量将增加至 2220 万吨，增幅近 2%。由于俄罗斯国内小麦将减产，预计其小麦出口量将比 2017/18 年度的历史最高水平下降至少 5%，降至 3700 万吨。尽管如此，俄罗斯还是连续第二年成为全球最大的小麦出口国。国内小麦减产导致哈萨克斯坦和乌克兰小麦出口量低于上年水平，分别为 800 万吨和 1500 万吨。预计阿根廷和澳大利亚小麦出口量

也将小幅下降。

5. 小麦价格

尽管全球小麦供应充足，出口市场竞争激烈，但由于一些小麦出口国物流限制，以及对2018/19年度一些小麦主要生产地区小麦产量的担忧，引发了国际小麦价格从1月份开始上涨。小麦价格上涨几次受到有利天气条件的抑制，6月份美国小麦（2号硬红冬麦，离岸价）平均价格达到241.5美元/吨，较年初价格上涨了6%，较上年同期上涨了7%。该价格是国际小麦市场的基准价格。

国际谷物理事会小麦指数也反映了全球小麦市场价格坚挺，该指数在5月份飙升至10个月以来的最高水平。近几周，旧作小麦价格有所下降，尤其是在美国，美元升值导致美国小麦价格高于其他地区。然而，由于持续干旱天气影响了澳大利亚、黑海地区和北美的小麦产量预期，新作价格仍然保持坚挺。6月初，俄罗斯小麦产量前景恶化，进一步支撑了国际小麦价格，尽管美国春小麦播种地区降水良好，但大多数农产品价格走弱，压制了整体上行趋势。国际谷物理事会小麦指数在6月份平均达到188点，较上个月下降3.7%，较上年同期下降7.8%。

6月份，将于2018年9月份交割的芝加哥小麦期货平均价格达到196美元/吨，较年初和上年同期增长9%。对小麦产量的持续担忧继续影响美国小麦期货价格走势，导致近几个月价格出现了几次反弹。然而，由于中美贸易摩擦，大多数大宗商品市场价格走弱，限制了小麦市场价格的提升，也拉低了6月份小麦期货价格。

（二）粗粮

预计2018年全球粗粮产量将较上年历史最高纪录下降3.7%，其中玉米减产幅度最大，较上年减产4.2%，因为预计全球头两大玉米种植国，美国和中国将大幅度减少玉米种植面积，阿根廷、巴西、欧盟和南非也将减少玉米种植面积。由于天气原因造成俄罗斯和乌克兰大麦减产，预计全球大麦产量也将较上年减少2.4%。

预计2018/19年度全球粗粮消费量将增加1.3%，创历史新高，反映了饲用和工业消费量持续增长。由于更多的玉米被用于生产动物饲料，尤其是在中国和拉丁美洲国家，全球粗粮饲用消费量预计将增加1.4%。由于美国和中国使用更多的玉米生产燃料乙醇和淀粉，全球粗粮工业消费量预计将增加3%。

预计2018/19年度全球粗粮库存将出现5年来的首次下降，较期初库存预估值下降14.4%。在主要粗粮品种中，玉米库存量降幅最大，预计将减少5000万吨（16%），库存减少主要来自中国、阿根廷、巴西和美国。因此，全球粗粮库存消费比和主要粗粮出口国库存消费比都将下降，导致2018/19年度粗粮市场供应紧缩。

市场供应紧缩的整体前景支撑了国际粗粮价格，但可能实施限制性贸易措施已经对国际主要粗粮品种价格产生了抑制作用。尽管如此，但主要受玉米和大麦持续强劲的进口需求支撑，尤其是在亚洲地区，2018/19年度（7月/6月）国际粗粮贸易量仍将接近上年度历史最高水平。

1. 粗粮生产

　　FAO 预测，2018 年全球粗粮产量将达到 13.39 亿吨，较上年历史最高纪录下降 5100 万吨，降幅 3.7%。减产主要来自玉米和大麦。

　　预计 2018 年全球玉米产量将暴跌至 10.45 亿吨，较 2017 年减少 4600 万吨（4.2%）。减产主要是由于美国作为全球最大玉米生产国，其玉米产量预计将较上年减少 4%（1430 万吨），为 3.57 亿吨。减产的原因还有农民改种

大豆等其他利润更高的作物，导致玉米种植面积减少。由于价格上涨促使种植面积扩大，预计加拿大玉米产量将超过上年历史最高水平，达到 1480 万吨，增幅 5%。

　　南美玉米产量将较 2017 年的历史最高水平下降 15%，预计阿根廷和巴西将大幅减产。缺乏降水是造成减产的主要原因，单产也因此低于平均水平。价格走低造成巴西播种面积减小，进一步导致产量下降。

表 3　全球粗粮供需概况

	2016/17 年	2017/18 年估计值	2018/19 年预测值	年度变化 2018/19 年较 2017/18 年
	百万吨			%
全球情况				
生产	1354.4	1389.4	1338.7	−3.7
贸易	180.8	189.7	189.6	0.0
总消费	1338.4	1372.4	1390.8	1.3
食用	205.2	208.6	210.1	0.7
饲用	757.5	771.3	782.3	1.4
其他用途	375.8	392.5	398.4	1.5
期末库存	353.6	363.5	311.0	−14.4
供需指标				
人均食用消费：				
全球（公斤 / 年）	27.5	27.6	27.5	−0.4
低收入缺粮国家（公斤 / 年）	38.3	38.4	37.9	−1.3
全球库存消费比（%）	25.8	26.1	21.7	
主要出口国库存消耗比（%）	13.5	14.7	11.3	
FAO 粗粮价格指数（2002~2004=100）	2016 年	2017 年	2018 年 1~6 月	变化 2018 年 1~6 月较 2017 年 1~6 月 %
	151	146	160	6.0

　　在欧洲，由于 2018 年播种面积可能减少，预计欧盟玉米产量为 6300 万吨，降幅 3%，达

到 7 年来最低水平，但单产预计将高于平均水平，从而缓解了减产幅度。由于扩大播种面积，

预计 2018 年俄罗斯和乌克兰产量将适度增加。

由于非洲南部大幅减少播种面积，预计 2018 年非洲玉米产量将下降。由于价格走低导致播种面积下降，且干旱天气导致单产下降，南非作为非洲玉米最大生产国，其产量预计将达到 1380 万吨，降幅 21.4%。由于不利天气条件的影响，预计马拉维和赞比亚产量也将大幅下降。由于可能的降水不足，西非玉米产量也将下降。

在亚洲，中国（大陆）玉米正处于播种期，由于农民改种大豆等其他利润更高的作物，造成播种面积减少，预计将小幅减产 1%，产量为 2.14 亿吨。印度玉米将于 8 月收割，预计产量将与上年持平，为 2680 万吨。

2018 年全球大麦产量预计将达到 1.42 亿吨，降幅 2.4%。预计俄罗斯和乌克兰将因天气原因导致减产，欧盟产量稳定在 5900 万吨。2018 年全球高粱产量将达到 5750 万吨，与上年持平。澳大利亚的增产，抵消了阿根廷和美国的减产。

2. 粗粮消费

由于饲用和工业消费量增加，预计 2018/19 年度全球粗粮消费量将达到 13.91 亿吨的历史最高水平，增幅 1.3%（1840 万吨）。

预计 2018/19 年度全球粗粮饲用消费量将达到 7.82 亿吨，较 2017/18 年度的预估值高 1100 万吨（1.4%）。玉米饲用消费量将达到 6.14 亿吨，增幅最大，为 2.1%（1250 万吨），消费量增长主要来自中国和拉丁美洲。中国玉米价格下跌将刺激玉米饲用消费量达到 1.46 亿吨，较上年度增加近 3%。预计 2018/19 年度中国粗粮饲用消费量将持续增加，达到 1.58 亿吨，增幅 2.6%。在拉丁美洲，预计阿根廷、巴西和墨

西哥玉米消费量将较上一年度分别增长 14.7%、2.9% 和 14.6%。由于美国国内玉米减产，预计其粗粮饲用消费量约 1.40 亿吨，降幅 2.9%。

预计 2018/19 年度全球粗粮食用消费量将达到 2.1 亿吨，较 2017/18 年度增加 150 万吨。非洲是粗粮食用消费量增长的主要地区，其食用消费量将达到 9100 万吨，其次是亚洲，6200 万吨。从全球范围来看，粗粮食用消费量增长将与人口增长保持一致，稳定在人均 27.5 公斤/年。2018/19 年度非洲人均粗粮食用消费量预计为 71 公斤/年，撒哈拉以南非洲为 78 公斤/年，较 2017/18 年水平略降。

预计 2018/19 年度全球粗粮工业消费量将达到 3.44 亿吨的历史最高纪录，较 2017/18 年度的预估值高 3%。全球一半以上的粗粮工业消费集中在美国（1.8 亿吨），其次是中国（8600 万吨）。根据国际谷物理事会 2018 年 5 月的预测，2018/19 年度用于生产燃料乙醇（不包括非燃料用途）的玉米工业用量将达到 1.77 亿吨，增幅 1.3%。预计 2018/19 年度用于生产淀粉的玉米工业用量将达到 1.25 亿吨，增幅 5.3%，创历史新高。中国加大（增幅大于 7%）使用玉米生产淀粉和乙醇是全球粗粮工业消费量增长的主要原因。

3. 粗粮库存

基于当前对 2018 年全球粗粮产量和 2018/19 年度全球粗粮消费量的预测，2019 年全球粗粮期末库存将达到 3.11 亿吨，较期初库存减少 5200 万吨（14%），为 5 年来首次下降。在主要粗粮品种中，玉米库存降幅最大，预计将达到约 2.6 亿吨，较 2018 年减少 5000 万吨（16%）。主要是因为中国政府采取措施刺激国

内消费，减少国家库存规模，其玉米库存预计将减少2400万吨，降至1.22亿吨。由于国内玉米减产，饲用消费量增加，预计阿根廷期末库存将减少。由于玉米减产，预计巴西和美国结转库存将减少。美国玉米库存将降至4000万吨，减少1330万吨，是自2013/14年度以来的最低水平。巴西玉米库存预计将达到1100万吨，较期初库存减少500万吨。

预计全球大麦库存将大幅减少，降至2350万吨，降幅11%，欧盟和俄罗斯降幅最大。由于阿根廷国内减产造成库存减少，还有一些非洲国家（尤其是苏丹）库存减少，全球高粱库存将减少8.5%，为800万吨。

预计全球粗粮库存消费比将从2017/18年度的26.1%降至2018/19年度的21.7%，为5年来最低值，但仍高于2003/04年度15.3%的历史最低值。全球主要粗粮出口国库存消费比预计将从2017/18年度的14.7%降至11.3%。

4. 粗粮贸易

预计2018/19年度（7月/6月）全球粗粮贸易量将达到1.90亿吨，与2017/18年度的历史最高水平持平。预计三大粗粮品种的全球贸易量将接近2017/18年度的预估水平。其中，2018/19年度全球玉米贸易量将接近1.49亿吨，接近2017/18年度历史最高水平，大麦贸易量为2870万吨，高粱贸易量为800万吨。

在亚洲，由于预计孟加拉国、韩国、沙特阿拉伯和越南将大幅增加玉米进口，2018/19年度（7月/6月）全球玉米进口量将达到7120万吨，创历史新高，较上年度增加1.8%。玉米进口量增加主要是因为饲用消费需求增加，越南等国国内减产也是原因之一。尽管中国玉米产

量将下降，但由于国内库存能满足国内消费需求，预计其玉米进口量将下降20%，为320万吨。2018/19年度非洲玉米进口量将达到2240万吨，增幅4%，增加的进口量主要来自阿尔及利亚、埃及和摩洛哥。由于强劲的饲用消费需求，预计埃及玉米进口量将达到960万吨，较上年度增加20万吨，创历史新高。预计拉丁美洲和加勒比地区玉米进口量将达到3600万吨，较上年度增加130万吨，增加的进口量主要来自墨西哥、哥伦比亚和智利。由于饲用消费需求增长，国内玉米减产，预计墨西哥玉米进口量将达到1670万吨的历史新高，较上年度增加90万吨。预计2018/19年度欧洲玉米进口量将减少近100万吨（5.4%），为1680万吨，减少的进口量全部来自欧盟。虽然欧盟玉米产量预计将低于上年水平，但结转库存充足，饲用小麦供应充裕，都将抑制玉米进口需求。此外，虽然来自美国的玉米进口量相对较小，但近期欧盟对自美国进口的玉米实施25%的报复性关税也导致玉米进口量减少。

由于亚洲（尤其是日本和中国）将增加贸易量，预计2018/19年度（7月/6月）全球大麦（不包含啤酒大麦）贸易量将达到2870万吨，较2017/18年度的预估值略高0.7%。亚洲国家大麦进口量将达到2330万吨，占全球总量的近81%。预计2018/19年度中国进口量将达到800万吨左右，为历史次高水平，超过了以往全球最大的饲用大麦进口国沙特阿拉伯（进口量为750万吨）。非洲大麦进口量将稳定在300万吨，摩洛哥和阿尔及利亚作为该区域的最大进口国，进口量将与上年度持平。突尼斯因为饲用消费需求疲软和国内供应增加，将减

少进口。

预计 2018/19 年度（7 月 /6 月）全球高粱贸易量将达到 800 万吨，与上年度持平。亚洲地区进口量将达到 620 万吨，较上年度增加 40 万吨，主要是因为中国（大陆）增加进口量至 540 万吨，但该进口量仍低于 2015/16 年度约 940 万吨的水平。预计墨西哥将进口 40 万吨高粱，高于上年度水平，但仍远低于以往的高水平。

全球粗粮贸易量预计将接近历史最高水平，但各主要出口国之间差异较大。美国是全球最大的玉米出口国，其玉米出口量将达到 5400 万吨，较 2016/17 年度增加 100 万吨。由于出口量偏紧，预计 2018/19 年度巴西出口量将减少 150 万吨，为 3000 万吨。阿根廷粗粮出口量将稳定在近 2900 万吨。乌克兰出口量将略增，达到 2300 万吨，玉米出口量的增加抵消了大麦出口量的减少。由于国内供给量较上年度偏紧，预计俄罗斯玉米和大麦出口量都将减少。预计加拿大和南非玉米出口量将保持稳定。

5. 粗粮价格

供应量减少，预计全球粗粮产量将低于上年历史最高水平，这使得国际主要粗粮品种价格在 2018 年头 5 个月中保持上涨趋势。由于美国物流障碍，以及对不利天气的担忧影响了南美洲产量预期，玉米报价在年初的强劲势头基础上进一步上涨。由于生产的不确定性导致农民惜售，阿根廷因此放缓进口速度，以及美国预计将减少播种面积，进一步支撑了国际玉米价格。国际玉米价格连续 5 个月上涨，直到 6 月份才有所回落。尽管预计美国国内玉米供应紧缩，巴西玉米减产导致玉米贸易放缓，但

美元走强，贸易紧张局势升温，导致国际主要农产品价格普遍疲软，大幅度拉低了玉米价格，尤其是在 6 月下半月。6 月份美国 2 号黄玉米平均离岸价为 166 美元 / 吨，较 5 月份下跌 7%，但仍比上年同期高出 5% 左右。

在芝加哥，将于 2018 年 12 月份交割的玉米期货在 6 月份的平均价格为 152 美元 / 吨，比上个月下跌 7%，比上年同期低 1.3%。尽管预计 2018/19 年度玉米出口供应量将大大小于上一年度，但限制性贸易措施严重压低了近几周的玉米报价。

国际大麦和高粱价格基本保持高于上年水平，尤其是饲用大麦价格受到中国和一些中东国家强劲进口需求的支撑。截至 6 月底，来自欧盟和黑海地区的饲用大麦价格比上年同期高出 20%。今年头几个月，受玉米价格上涨影响，国际高粱报价上涨，然而中国是否进口来自美国的高粱存在不确定性，抑制了高粱价格的上涨。然而，中国在 5 月份决定停止对美国高粱的反倾销调查扭转了高粱报价在前期的下跌趋势，中国有可能重新开始进口来自美国的高粱，导致 6 月份高粱平均价格与上年同期持平。

（三）稻米

FAO 预测，2018 年全球稻米产量将达到 5.11 亿吨，较上年增长 1.4%，创历史新高。增产主要来自亚洲，更加稳定的天气和可观的种植利润将该地区稻米产量推至新高。预计非洲和美国稻米产量将有所恢复。不适宜的种植条件或种植利润降低将可能导致全球其他地区稻米减产。

表4　全球稻米供需概况

	2016/17 年	2017/18 年估计值	2018/19 年预测值	年度变化 2018/19 年较 2017/18 年
	百万吨（以碾米计）			%
全球情况				
生产	501.2	504.6	511.4	1.4
贸易	48.1	47.8	47.5	−0.5
总消费	498.1	504.3	509.5	1.0
食用	400.4	405.9	411.8	1.5
期末库存	169.0	171.1	173.7	1.5
供需指标				
人均食用消费：				
全球（公斤/年）	53.6	53.8	54.0	0.4
低收入缺粮国家（公斤/年）	55.2	55.3	55.5	0.4
全球库存消费比（%）	33.5	33.6	33.6	
主要出口国库存消耗比（%）	18.7	17.5	17.8	
FAO 稻米价格指数（2002~2004=100）	2016 年	2017 年	2018 年 1~6 月	变化 2018 年 1~6 月较 2017 年 1~6 月 %
	194	206	228	15.2

2018 年国际稻米交易量将达到 4780 万吨，略低于 2017 年的最高纪录，降幅 0.8%。预计非洲、拉丁美洲和加勒比地区稻米进口量的减少将被其他地区稻米进口量的增加远远抵消。2018 年亚洲仍保持旺盛的进口需求，印度尼西亚和菲律宾等国正在增加国内库存，抑制了国内稻米价格上涨。在出口方面，预计印度、泰国和美国将在 2018 年减少稻米出口量，巴西、巴基斯坦和越南将增加出口量。

受持续增长的食用消费需求支撑，2018/19 年度全球稻米消费量将增加 1%，达到 5.10 亿吨，但该消费量仍低于 2018 年全球稻米产量预估值，这将导致 2018/19 年度全球稻米结转库存增加 1.5%，达到 1.74 亿吨。全球稻米库存增加主要来自中国，预计印度、印度尼西亚、菲律宾和美国稻米库存也将增加。

亚洲地区对籼米的强劲需求，以及粳米和香米供应偏紧，支撑国际稻米价格自 2016 年年末以来持续上涨。FAO 稻米价格指数在 2018 年 6 月份达到 232 点，是自 2014 年 11 月份以来的最高水平，较 2017 年年末高出 6%。

1. 稻米生产

FAO 预测，2018 年全球稻米产量将达到 5.11 亿吨（以碾米计），增幅 1.4%，创历史新高。预计亚洲稻米产量将达到创纪录的 4.62 亿吨，较 2017 年增加 1.2%，这将推动全球稻米增产。在亚洲稻米主要生产国中，印度稻米产量前景尤其乐观。预计印度雨季降雨量正常，且印度政府在 2 月份宣布设置秋收作物最低收购价，该收购价是生产成本的 1.5 倍。预计此举将导致 2018 年支持价格的增幅将高于自 2013 年以来 4%~5% 的年度增幅。以上因素，加之印度政府制定的提高生产力计划，将促使印度稻米产量提升 2%，达到创纪录的 1.14 亿吨。预计一些亚洲国家在经历了上年的恶劣天气之后，稻米产量将大幅回升，特别是孟加拉国、斯里兰卡、尼泊尔和越南。然而，斯里兰卡由于灌溉水供应紧张，其稻米产量还将低于近些年的平均水平。巴基斯坦由于对水资源短缺的担忧，将减少播种面积，虽然巴政府官员指出水位将因融雪而有望改善。由于未来几个月形势尚不明朗，巴基斯坦增加高产量杂交水稻的种植以提高生产力。FAO 预测，巴基斯坦稻米产量将达到 760 万吨，增幅 1.8%。预计 2018 年柬埔寨、印度尼西亚、菲律宾、缅甸和泰国稻米产量都将有所增加，但亚洲其他国家稻米生产不尽乐观，尤其是中国（大陆）。为了抑制由于近几年稻米连年丰收和大量进口导致的供过于求，中国政府将今年稻米播种面积调减了 70 万公顷，并在 2 月份将稻米收购价调降了 7%~13%。由于单产提高部分弥补了播种面积的减少，预计中国稻米产量将减少 1%，达到 1.41 亿吨。韩国政府也采取了类似措施抑制产量过剩，韩国稻米产量将连续第三年减少。阿富汗和伊朗稻米产量由于水资源供应紧张也将有所下降。

由于马达加斯加和坦桑尼亚稻米产量将部分恢复，预计 2018 年非洲稻米产量将达到 2160 万吨，比 2017 年减少 4%。2017 年两国稻米产量由于降水严重不足导致大幅减产，今年降水未达到理想状态，但也足够使两国稻米产量部分恢复。如无重大阻碍出现，预计许多西非国家将受益于生产投入援助计划和稻米行业投资增加，提高稻米产量，尤其是在布基纳法索、加纳和尼日利亚。这些国家的增产远远抵消了埃及的减产。埃及政府加强措施以保护稀有的水资源，将 2018 年种植面积减少 25%，减至 35 万公顷，且严格禁止在此范围外种植水稻。不够理想的种植条件导致马里和莫桑比克稻米产量低于 2017 年的历史最高水平。

由于许多南美国家遭遇播种期缺乏降水、温度异常等恶劣天气，预计 2018 年拉丁美洲和加勒比地区稻米产量将较上年减少 1.5%，为 1860 万吨。此外，由于生产成本进一步上涨，或者价格暴跌，进一步压缩了生产利润，预计 2018 年阿根廷、巴西、厄瓜多尔、哥伦比亚、乌拉圭和委内瑞拉稻米产量都将低于 2017 年，减产幅度大于玻利维亚、智利、古巴、多米尼加、圭亚那、巴拉圭和秘鲁的稻米增产幅度。

在其他地区，美国 2017 年稻米产量跌至 21 年来的最低点，为 570 万吨，2018 年由于稻米价格回升，农民扩大种植面积，预计产量将达到 650 万吨。由于澳大利亚灌溉水减少导致播种面积减少，预计 2018 年稻米产量将比 2017 年减少 40 万吨，降幅 22%，抵消了良好生长条件带来的单产提升。由于价格预期走低，欧盟和俄罗斯稻米产量前景同样不乐观，分别降至 170 万吨和 70 万吨，降幅 2%。

2. 稻米消费

FAO 预测，2018/19 年度全球稻米消费量将增加 1%，达到 5.10 亿吨（以碾米计）。由于亚洲地区人口增长，非洲地区稻米食用消费需求持续强劲增长，预计稻米食用消费量将增加1.5%，达到4.12亿吨。北美地区稻米食用消费量将小幅回升，其他地区稻米食用消费量年度间变化不大。基于以上趋势，全球人均稻米食用消费量将从2017/18年度的53.8公斤增加至2018/19年度的54公斤。由于全球稻米工业用量，特别是饲用消费量将下降，预计2018/19年度稻米其他消费量将达到9770万吨，较2017/18年度的预估值低0.7%。由于韩国和泰国减少稻米饲用消费量，预计2018/19年度稻米饲用消费量将较上一年度减少6%，降至1640万吨，为5年来最低。政府释放库存导致2017/18年度两国稻米饲用消费量达到历史最高水平。2018/19年度，韩国稻米减产，使用其他价格更便宜的饲料原料替代稻米，泰国政府减少政府库存释放，都将促使两国减少稻米饲用消费量。

3. 稻米库存

预计2018/19市场年度全球稻米期末库存将达到1.74亿吨（以碾米计），较2017/18年度增加1.5%，实现三连增，全球稻米库存消费比为33.6%。在上两个年度中，除中国（大陆）稻米库存保持增长外，世界其他地区库存并未增加，而在本年度，中国（大陆）以外的地区稻米库存实现自2013/14年度以来首次的小幅增长。预计全球前五大稻米出口国稻米库存都将实现增长，其中印度库存增量最大。由于稻米产量创纪录，政府大量收购稻米，预计印度稻米结转库存将提高4%，达到2130万吨。由于产量恢复，预计美国稻米库存将增加11%，达到130万吨。由于出口速度加快，世界其他主要稻米出口国2018/19年度库存量无法增加，

更有可能下降。预计泰国稻米库存为550万吨，为11年来最低值。基于以上趋势，预计主要稻米出口国库存消费比将从2017/18年度17.5%的十年最低点稍恢复至17.8%。

传统稻米进口国中，印度尼西亚和菲律宾政府正致力于重建国家库存，因此两国稻米结转库存量将增加。预计尼日利亚和尼泊尔稻米库存量也将增加。以上库存的增加抵消了其他地区的库存下降。孟加拉国稻米结转库存预计将从2017/18年度的高点下降。由于增加稻米收购和进口，预计中国（大陆）稻米结转库存量将达到1.05亿吨，年度增幅1.6%。然而，该增幅远低于FAO预测中国在过去5年中4%~9%的年度增幅。这是因为中国政府采取措施，缓解高企的政府稻米库存带来的压力，措施包括鼓励减少稻米生产，调整收购规则，大量拍卖国家稻米库存等。

4. 稻米贸易

FAO预测，2018年全球稻米贸易量将达到4800万吨，略低于2017年的历史最高水平。预计亚洲稻米进口量将连续第二年实现增长，较上年增加4%，达到2320万吨。预计伊拉克、马来西亚、沙特阿拉伯和越南都将增加进口量，印度尼西亚和菲律宾稻米进口年度增量最大。印度尼西亚和菲律宾由于公共库存降低，国内价格上涨，从上年年初就开始积极从国外进口稻米。预计中国（大陆）稻米进口需求仍然保持强劲，2018年进口量仍将保持世界领先，接近2017年的600万吨。预计2018年孟加拉国和斯里兰卡稻米进口量将低于2017年水平。上年两国对进口稻米实行关税减免，以促进私营企业进口，今年稻米丰收促使两国停止关税减

免政策。

预计 2018 年非洲稻米进口量将比 2017 年的历史最高纪录减少 6%，为 1610 万吨。一些非洲国家将增加稻米进口，弥补国内减产。尼日利亚由于国内产需缺口持续扩大，将在 2018 年大幅增加稻米进口量，预计增幅 7%。预计贝宁、喀麦隆、马达加斯加、塞拉利昂和塞内加尔将减少进口量。在其他地区，预计欧盟和美国稻米进口需求仍然保持强劲，拉丁美洲和加勒比地区进口量将较上年下降 5%，降至 420 万吨，主要是因为巴西、海地、墨西哥和秘鲁由于国内供给充足，国际价格较高，将减少进口量。

在稻米出口国中，预计印度仍将排名第一。由于南亚传统稻米购买国减少采购量，2018 年印度稻米出口量预计达 1200 万吨，比 2017 年的历史最高纪录低 4%。预计乌拉圭、美国和泰国将因国内供给紧张而减少稻米出口量。由于 2017 年香米减产，泰国国内稻米供给紧缩。泰国政府减少食用级稻米政府库存释放、其他出口国香米供给更加充裕，导致泰国 2018 年稻米出口量将降至 990 万吨，降幅 15%。由于来自南美稻米出口国的竞争加剧，贸易摩擦引发欧盟和土耳其等对美国稻米征收报复性关税，导致美国稻米出口将进一步被抑制。澳大利亚、柬埔寨、中国（大陆）、厄瓜多尔和缅甸由于供应量充足，预计将增加 2018 年稻米出口量。预计出口量增加最大的国家是巴基斯坦和越南，原因是亚洲进口国增加低等级籼米购买量，两国努力争取高端市场份额。由于区域内竞争减少，货币走弱，巴西稻米出口将在 2018 年实现强劲复苏，年度增幅 55%，达到 90 万吨。

FAO 预测，2019 年度全球稻米贸易量将达

到 4750 万吨，比 2018 年的预估值仅低 0.5%。非洲地区由于需求强劲，将增加稻米采购量，远远抵消了拉丁美洲和加勒比地区，尤其是亚洲地区稻米进口量的减少。由于产量和库存增加，预计亚洲将减少稻米进口量，这将对泰国和越南影响最大。预计 2019 年阿根廷、巴西、乌拉圭都将减少出口量。由于供给充足、价格适宜，预计 2019 年印度稻米出口地位将得到巩固。预计中国（大陆）、巴基斯坦、巴拉圭和美国稻米出口量将有所增加。

5. 稻米价格

2016 年年末至 2018 年上半年，国际稻米价格一路上涨。2018 年 6 月 FAO 稻米价格指数（2002~2004=100）达到 232 点，比 2017 年 12 月高出 6%，是自 2014 年 11 月以来的最高点，比上年同期高 11%。自上年 12 月份以来，价格上涨对交易范围最广的籼稻品种影响最大。尽管许多稻米出口国货币贬值，但籼稻品种价格仍然上涨了 9%~11%。原因是需求旺盛，孟加拉国、印度尼西亚和菲律宾大量采购稻米，而越南由于不再种植低等级籼米品种，造成稻米供应紧缩，价格上涨趋势更加突出。香米方面，需求疲软在一定程度上抑制了印度香米报价上涨，但由于上年洪涝导致减产，泰国茉莉香米价格在 6 月份达到了历史新高。2017 年美国稻米产量暴跌引发供给紧张，从而支撑其籼米和粳米报价从上年 12 月份开始上涨。而在南美，稻米收割在即，汇率波动，导致主要稻米出口国价格下跌。

（四）油籽和油料

根据 FAO 的最新预测，2017/18 年度油粕 / 饼

供需情况较上年度偏紧，油脂油料供应相对宽松。

由于异常天气条件导致一些国家单产下降，其他油料作物的增产仅能部分弥补大豆减产，预计2017/18年度全球油籽产量将略低于上年度的历史最高纪录。最重要的是，极端天气条件严重影响了阿根廷大豆产量。阿根廷作为全球油料和油粕最重要的供应国之一，其产量下降，导致全球压榨和贸易模式发生变化。全球油粕需求量持续增加，超过产量，拉低了全球油粕库存量，但库存量仍接近历史高水平。受以上因素影响，今年上半年国际油籽和油粕价格处于上升通道。

预计全球油料产量将进一步增长，增产主要来自棕榈油和菜籽油。由于生物燃料行业增加对油料的使用，预计全球油料消费量将持续攀升。全球油料消费供大于求，库存将继续增加。供大于求的供应形势加之充足的库存量，导致国际油料价格从2017年12月底开始持续下跌。

中美贸易摩擦给国际市场带来了极大的不确定性。两国采取的贸易措施将会对国际油籽及油籽产品市场产生怎样的影响，仍然无法确定。中国迟迟不对自美国进口的大豆采取报复性关税，引发了国际大豆和豆粕价格暴跌，同时对油料作物整体产生了强烈的溢出效应。

表5 全球油料供需概况

	2015/16年	2016/17年	2017/18年预测值	年度变化 2017/18年较2016/17年
	百万吨			%
总体油料 生产	538.0	586.8	584.3	−0.4
油脂 生产	207.3	226.0	231.5	2.4
供给	246.2	260.4	267.7	2.8
消费	213.3	222.7	228.8	2.7
贸易	115.4	123.9	124.9	0.8
全球库存消费比（%）	16.2	16.2	16.6	
主要出口国库存消耗比（%）	10.0	10.7	11.3	
饼粕 生产	138.5	152.3	150.6	−1.1
供给	164.6	177.3	179.2	1.0
消费	138.9	145.3	151.2	4.0
贸易	90.4	96.2	98.4	2.2
全球库存消费比（%）	18.0	19.0	17.0	
主要出口国库存消耗比（%）	11.1	12.0	10.8	
FAO价格指数（1~12月）（2002~2004=100）	2016年	2017年	2018年1~6月	变化 2018年1~6月较2017年1~6月 %
油籽	154	152	158	2.6
饼粕	169	159	196	21.5
植物油	164	169	155	−9.3

1. 油籽油料生产

预计 2017/18 年度全球油籽产量将达到 5.84 亿吨，略低于 2016/17 年度历史最高纪录。全球油籽播种面积进一步增加，但异常天气影响了一些国家的油籽单产。除大豆和葵花籽减产外，其他油料作物均增产。

预计全球大豆产量将达到 3.38 亿吨，降幅 4%，但仍然是历史次高水平，主要是因为美国和巴西大豆丰收。在北半球，除印度和乌克兰因单产下降导致减产外，其他主要生产国均实现增产。由于种植面积扩大，加之高于平均水平的天气条件，预计美国、中国、加拿大大豆增产幅度较大。在南半球，由于阿根廷、巴拉圭和乌拉圭减产量大于巴西增产量，大豆总产量预计将下降 9%。阿根廷是全球第三大大豆生产国，也是全球最大的豆粕豆油供应国。阿根廷大豆在种植期遭受了干旱高温天气，收获期遭遇了强降雨天气，产量严重受损。因此，阿根廷大豆平均单产和总产量分别跌至 6 年和 9 年来最低点。种植面积增加和理想的种植条件，促使巴西大豆产量提升至前所未有的水平。

由于全球播种面积大幅增加，继前三年度产量持续下降后，预计全球油菜籽产量将达到 7560 万吨，创历史新高。由于欧盟天气条件较为有利，价格优势促使加拿大播种面积达到历史最高水平，作为全球头两大油菜籽种植地区，油菜籽产量都将创历史新高。预计中国和印度由于种植面积减少将减产，澳大利亚受不利天气条件影响也将减产。由于播种面积扩大，天气条件有利，预计乌克兰和俄罗斯产量将大幅提升。

由于单产提升，预计全球花生和椰子核产量将创新高，棉籽产量由于播种面积扩大有所增加，棕榈仁产量由于播种面积和单产的提高有所增加。全球花生增产主要来自中国和美国。全球棉籽、椰子核和棕榈仁增产主要来自各主产国。

预计全球葵花籽产量将低于上年历史最高水平。欧盟和土耳其葵花籽增产得益于良好的生长条件，独联体地区葵花籽产量受恶劣天气影响有所下降。

预计全球油脂油料产量将达到 2.32 亿吨。棕榈油、菜籽油产量增加显著，橄榄油、棕榈仁油、棉籽油、椰子油和花生油产量略增，远远抵消了全球大豆油的减产。棕榈油增产主要来自印度尼西亚和马来西亚。与上年相比，两国增产速度放缓。菜籽油增产主要来自加拿大和欧盟。大豆油减产主要来自阿根廷。

预计 2017/18 年度全球油粕产量将达到 1.51 亿吨，虽低于上年度水平，但仍是历史次高产量。预计全球油菜籽粕、棉籽粕和花生粕增产，但仍无法抵消全球大豆粕产量的大幅下降。

2. 油脂油料消费

由于全球发展中和发达经济体经济增速放缓，尽管近期植物油价格疲软，预计全球油脂消费量增速仍将略低于上年度。因为相对充足的库存和具有竞争力的价格，预计大豆油、棕榈油、菜籽油和葵花籽油消费量将增加。

亚洲发展中国家将继续推高全球油脂油料消费量。中国、印度等国消费量增速将有所下降，印度尼西亚等国消费量将加速上涨。在其他地区，预计巴西和美国油脂油料消费量增幅显著，欧盟消费量仅小幅增加。

人口和收入增长仍然是推动油脂油料作为食品和其他传统用途的消费量增长的主要原因，特别是在亚洲，生物燃料行业也推动了油脂油料的消费。由于国家生物燃料政策和自由混配的要求，生物燃料产量较上年有所增加，预计2018年植物油消费量增速将加快。巴西、哥伦比亚、一些欧盟成员国、韩国和美国已经设置了国家生物燃料消费目标和强制混配比例。土耳其和阿联酋首次对生物柴油使用制定强制性规定。此外，相对于植物油，矿物油价格近期保持坚挺，预计将再次出现自2014年以来的首次生物燃料自由混配，尤其是在中国和一些非洲国家。印度尼西亚油脂油料价格竞争力提升，减少了生物柴油生产补贴成本，使其更易达到国家消费目标。棕榈油、大豆油和回收烹饪油将因生物柴油厂家需求量增长受益最大。预计菜籽油消费量增长将停滞，尤其是在欧盟地区，当地菜籽油生产商面临生物柴油进口限制免除带来的进口量回升问题。

预计2017/18年度全球油粕消费量将创历史新高，但坚挺的价格限制了年度消费量增幅。由于供应量减少，预计大豆粕将占全球油粕消费量增长的2/3（上一年度是3/4），其他油粕占比将上升，尤其是油菜籽粕和葵花籽粕。

在许多国家，油粕消费量进一步受牲畜和养鱼业持续增长的需求支撑。亚洲发展中国家仍然是主要的增长引擎，中国是全球领先的消费国。然而，在中国，由于国内猪肉供大于求，养猪业利润减少，发展放缓，导致油粕消费增速低于上年。欧盟和美国，作为全球第二大和第三大油粕消费国，其油粕消费将重获动力。在美国，低于平均水平的蛋白含量将导致大豆粕消费量增长。在巴西和加拿大，迅速增长的国内供给量将刺激国内油粕消费。

3. 油脂油料库存

全球油脂油料产大于需，导致库存量增加，2017/18年度全球油脂油料库存将进一步增加。期末库存（包括库存油籽中的油）预计将较上年增加5%，至3800万吨，达到历史次高水平。棕榈油和菜籽油库存由于产量提升将攀升至历史最高点。大豆油库存预计将从上年最高点回落，反映了今年的产量预期。

在主要库存国家中，预计加拿大、欧盟、印度尼西亚和美国的库存将大幅增加。预计阿根廷将释放约半数库存，以弥补今年大豆产量的减少。减产也将导致印度库存的下降。巴西库存也将减少，尽管产量增加，但出口量也将进一步扩大。

预计2017/18年度全球油脂油料库存消费比将小幅提升，预计主要出口国库存消费比将大大增加，达到多年来的最高点。

预计2017/18年度全球油粕消费量将大于产量，这将导致全球期末库存下降，尤其是作为全球最主要蛋白粕的豆粕库存量将下降。油菜籽粕等其他油粕库存将适度增加，但不足以改变全球油粕库存量下降的整体局面。预计阿根廷将释放750万吨油粕库存，以满足国内供应的巨大缺口。尽管巴西国内油粕供应量增加，但也将出现库存下降，以保障国内需求和出口需求的增长。在美国，油粕出口将受阻，国内供应量增加，导致其库存将增加60%，结转库存达到11年来最高点。在中国，当前库存高企，保持近年来平均水平。

基于以上预测，全球油粕库存消费比和全

球主要油粕出口国油粕库存消费比将低于上一年度的高水平。

4. 油脂油料贸易

上一年度，棕榈油贸易量回升，推高了全球油脂油料贸易量。由于油脂油料增产，棕榈油全球贸易量创历史新高，预计 2017/18 年度全球油脂油料（包括贸易油籽中的油）贸易量将小幅增加 1%。棕榈油、大豆油和菜籽油，分别是全球前三大贸易油。大豆油和菜籽油贸易量预计将与上年度基本持平。预计葵花籽油贸易量将从上年的高点回落。由于价格优势，棕榈油将重新收复被其他油料（尤其是大豆油）在过去两年中占领的市场份额。

进口方面，预计亚洲发展中国家的进口增速将低于上一年度，尤其是在中国和印度，国内库存充足，消费增速放缓。印度国内进口关税连年高企，影响了进口。非洲国家进口量预计将保持不变。由于国内库存充足，需求增长疲软，预计欧盟进口量将减少。预计美国和阿根廷进口量将增加，两国均为油脂油料净出口国。

出口方面，预计马来西亚和巴西出口量增加，弥补了其他国家出口量的减少。棕榈油出口量增加主要来自马来西亚。印度尼西亚棕榈油主要满足国内消费需求，也包括用于生产生物柴油。阿根廷和乌拉圭大豆油产量暴跌，巴西大豆油产量增加，相互抵消。2017/18 年度，预计美国大豆油出口量将从上年的最高水平回落，巴西将取代美国，成为全球第三大大豆油出口国。预计乌克兰和澳大利亚出口量将小幅压缩。

预计 2017/18 年度国际油粕 / 饼（包括贸易油籽中的油粕）贸易量增速将低于平均水平。

大豆粕贸易将继续推动全球贸易量增长，但大豆粕供应量减少将导致今年全球油粕贸易量增速为 1.8%，低于三年平均增速。本年度上半段大豆粕价格稳步走高，导致贸易量增速放缓。除葵花籽粕贸易量下降外，预计其他油粕贸易量将小幅增加。

进口方面，由于中国需求增速低于平均水平（由于饲用需求疲软，加工利润下降），其他国家需求不旺（反映了国内饲料生产商未增加油粕消费量），预计 2017/18 年度亚洲将继续主导油粕需求，亚洲地区总体进口量增速将低于上年度。欧盟作为全球第二大油粕采购地区，尽管供应量增加，但不足以满足消费量的增长，预计将增加采购量。在阿根廷，国内压榨商进口大豆，用于弥补国内紧缩的供应量，并维持豆粕出口。

出口方面，预计 2017/18 年度全球油粕贸易模式将有所改变，也将带来市场份额的变化。阿根廷出口量将大幅下降，可能为 9 年来最低水平。由于产量不佳，乌拉圭、乌克兰和澳大利亚出口量也将减少。尽管美国作物丰收、期初库存高，但出口量仍将下降。最主要的受益者是巴西，预计其油粕出口量将增加 17%，取代美国，成为全球头号油粕出口国。由于巴西货币雷亚尔贬值，增加了巴西在出口方面的优势，巴西在全球油粕市场（包括贸易油籽中的油粕）中的份额上升至 34%。印度曾是亚洲主要的油粕供应国，预计其出口量将维持上年度水平。中国作为油粕净进口国，将加强其作为区域供应商的地位。

5. 油脂油料价格

和 2016/17 年度（10 月 /9 月）价格走势不

同，2017/18 年度上半年国际油籽油粕价格有所上涨，植物油价格走弱。2017/18 年度阿根廷大豆预计将大幅减产，严重影响了全球油籽油粕产量前景。与此同时，其他大豆和其他蛋白粕生产国供应量有限，引发国际油籽油粕价格逐步攀升。截至 2018 年 4 月，FAO 油籽油粕价格指数分别上涨至 22 个月和 40 个月以来的最高水平。

另外，由于预计 2017/18 年度全球植物油产量将增加，国际植物油价格自 2017 年年底以来持续下滑。主要原因是：(1) 东南亚地区棕榈油产量稳步提升，全球棕榈油进口需求低迷，马来西亚和印度尼西亚棕榈油库存充足；(2) 美洲及其他地区大豆压榨量将高于预期，大豆油供应量增加。在此背景下，FAO 植物油价格指数逐步下降，到 2018 年 6 月接近两年半以来的最低点。

自 2018 年 3 月以来，中美贸易摩擦给市场带来了极大的不稳定性。中国是当今全球最大的大豆进口国，美国是全球最大的大豆生产国，也是中国的第二大大豆供应商。对中国可能对自美国进口的大豆实行报复性关税这一推测，已经开始对国际大豆和豆粕价格产生了强烈的下行压力。6 月中旬，中国确认采取关税手段，导致全球主要大豆现货和期货价格暴跌，分别跌至 12 个月和多年来最低点，同时对油料作物整体产生了强大的溢出效应。

四 粮食行业统计资料

1. 全国主要粮食及油料播种面积 (1978~2017 年)

2. 全国主要粮食及油料产量 (1978~2017 年)

3. 全国主要粮食及油料单位面积产量 (1978~2017 年)

4. 各地区粮食播种面积（2016~2017 年）

5. 各地区粮食总产量（2016~2017 年）

6. 各地区粮食单位面积产量（2016~2017 年）

7. 2017 年各地区粮食及油料播种面积和产量

8. 2017 年各地区粮油产量及人均占有量排序

9. 2017 年各地区人均粮食占有量

10. 2017 年各地区人均农产品占有量

11. 2017 年分地区粮食产业主要经济指标情况表

12. 2017 年分地区粮食产业生产能力汇总表

13. 粮食成本收益变化情况表（1991~2017年）

14. 国有粮食企业主要粮食品种收购量（2005~2017年）

15. 国有粮食企业主要粮食品种销售量（2005~2017年）

16. 全国粮油进口情况表（2001~2017年）

17. 全国粮油出口情况表（2001~2017年）

18. 国民经济与社会发展总量指标（1978~2017年）

1. 全国主要粮食及油料播种面积 (1978~2017 年)

单位：千公顷

年 份	粮食	稻谷	小麦	玉米	大豆	油料
1978	120587	34421	29183	19961	7144	6222
1979	119263	33873	29357	20133	7247	7051
1980	117234	33878	28844	20087	7226	7928
1981	114958	33295	28307	19425	8024	9134
1982	113462	33071	27955	18543	8419	9343
1983	114047	33136	29050	18824	7567	8390
1984	112884	33178	29576	18537	7286	8678
1985	108845	32070	29218	17694	7718	11800
1986	110933	32266	29616	19124	8295	11415
1987	111268	32193	28798	20212	8445	11181
1988	110123	31987	28785	19692	8120	10619
1989	112205	32700	29841	20353	8057	10504
1990	113466	33064	30753	21401	7560	10900
1991	112314	32590	30948	21574	7041	11530
1992	110560	32090	30496	21044	7221	11489
1993	110509	30355	30235	20694	9454	11142
1994	109544	30171	28981	21152	9222	12081
1995	110060	30744	28860	22776	8127	13102
1996	112548	31406	29611	24498	7471	12555
1997	112912	31765	30057	23775	8346	12381
1998	113787	31214	29774	25239	8500	12919
1999	113161	31283	28855	25904	7962	13906
2000	108463	29962	26653	23056	9307	15400
2001	106080	28812	24664	24282	9482	14631
2002	103891	28202	23908	24634	8720	14766
2003	99410	26508	21997	24068	9313	14990
2004	101606	28379	21626	25446	9589	14431
2005	104278	28847	22793	26358	9591	14318
2006	104958	28938	23613	28463	9304	11738
2007	105999	28973	23770	30024	8110	12344
2008	107545	29350	23715	30981	8412	13232
2009	110255	29793	24442	32948	8497	13445
2010	111695	30097	24459	34977	7839	13695
2011	112980	30338	24523	36767	7213	13471
2012	114368	30476	24576	39109	6490	13435
2013	115908	30710	24470	41299	6129	13438
2014	117455	30765	24472	42997	6183	13395
2015	118963	30784	24596	44968	5886	13314
2016	119230	30746	24694	44178	6596	13191
2017	117989	30747	24508	42399	7236	13223

注：2007~2017 年粮食及油料数据根据第三次农业普查情况做了相应衔接修订。
数据来源：国家统计局统计资料。

2. 全国主要粮食及油料产量 (1978~2017 年)

单位：万吨

年 份	粮食	稻谷	小麦	玉米	大豆	油料
1978	30476.5	13693.0	5384.0	5594.5	756.5	521.8
1979	33211.5	14375.0	6273.0	6003.5	746.0	643.5
1980	32055.5	13990.5	5520.5	6260.0	794.0	769.1
1981	32502.0	14395.5	5964.0	5920.5	932.5	1020.5
1982	35450.0	16159.5	6847.0	6056.0	903.0	1181.7
1983	38727.5	16886.5	8139.0	6820.5	976.0	1055.0
1984	40730.5	17825.5	8781.5	7341.0	969.5	1191.0
1985	37910.8	16856.9	8580.5	6382.6	1050.0	1578.4
1986	39151.2	17222.4	9004.0	7085.6	1161.4	1473.8
1987	40297.7	17426.2	8590.2	7924.1	1246.5	1527.8
1988	39408.1	16910.7	8543.2	7735.1	1164.5	1320.3
1989	40754.9	18013.0	9080.7	7892.8	1022.7	1295.2
1990	44624.3	18933.1	9822.9	9681.9	1100.0	1613.2
1991	43529.3	18381.3	9595.3	9877.3	971.3	1638.3
1992	44265.8	18622.2	10158.7	9538.3	1030.4	1641.2
1993	45648.8	17751.4	10639.0	10270.4	1530.7	1803.9
1994	44510.1	17593.3	9929.7	9927.5	1599.9	1989.6
1995	46661.8	18522.6	10220.7	11198.6	1350.2	2250.3
1996	50453.5	19510.3	11056.9	12747.1	1322.4	2210.6
1997	49417.1	20073.5	12328.9	10430.9	1473.2	2157.4
1998	51229.5	19871.3	10972.6	13295.4	1515.2	2313.9
1999	50838.6	19848.7	11388.0	12808.6	1424.5	2601.2
2000	46217.5	18790.8	9963.6	10600.0	1540.9	2954.8
2001	45263.7	17758.0	9387.3	11408.8	1540.6	2864.9
2002	45705.8	17453.9	9029.0	12130.8	1650.5	2897.2
2003	43069.5	16065.6	8648.8	11583.0	1539.3	2811.0
2004	46946.9	17908.8	9195.2	13028.7	1740.1	3065.9
2005	48402.2	18058.8	9744.5	13936.5	1634.8	3077.1
2006	49804.2	18171.8	10846.6	15160.3	1508.2	2640.3
2007	50413.9	18638.1	10952.5	15512.3	1133.0	2787.0
2008	53434.3	19261.2	11293.2	17212.0	1392.9	3036.8
2009	53940.9	19619.7	11583.4	17325.9	1336.2	3139.4
2010	55911.3	19722.6	11614.1	19075.2	1352.2	3156.8
2011	58849.3	20288.3	11862.5	21131.6	1305.3	3212.5
2012	61222.6	20653.2	12254.0	22955.9	1158.5	3285.6
2013	63048.2	20628.6	12371.0	24845.3	1059.9	3287.4
2014	63964.8	20960.9	12832.1	24976.4	1090.6	3371.9
2015	66060.3	21214.2	13263.9	26499.2	1065.2	3390.5
2016	66043.5	21109.4	13327.1	26361.3	1162.0	3400.0
2017	66160.7	21267.6	13433.4	25907.1	1331.6	3475.2

注：2007~2017 年粮食及油料数据根据第三次农业普查情况做了相应衔接修订。
数据来源：国家统计局统计资料。

3. 全国主要粮食及油料单位面积产量（1978~2017 年）

单位：公斤 / 公顷

年 份	粮食	稻谷	小麦	玉米	大豆	油料
1978	2527.3	3978.1	1844.9	2802.7	1059.0	838.6
1979	2784.7	4243.8	2136.8	2981.9	1029.4	912.7
1980	2734.3	4129.6	1913.9	3116.4	1098.8	970.0
1981	2827.3	4323.7	2106.9	3047.9	1162.2	1117.2
1982	3124.4	4886.3	2449.3	3265.9	1072.6	1264.8
1983	3395.7	5096.1	2801.7	3623.3	1289.8	1257.4
1984	3608.2	5372.6	2969.1	3960.3	1330.6	1372.5
1985	3483.0	5256.3	2936.7	3607.2	1360.5	1337.7
1986	3529.3	5337.6	3040.2	3705.1	1400.2	1291.1
1987	3621.7	5413.1	2982.9	3920.6	1476.0	1366.5
1988	3578.6	5286.7	2968.0	3928.1	1434.1	1243.3
1989	3632.2	5508.5	3043.0	3877.9	1269.3	1233.1
1990	3932.8	5726.1	3194.1	4523.9	1455.1	1479.9
1991	3875.7	5640.2	3100.5	4578.3	1379.5	1421.0
1992	4003.8	5803.1	3331.2	4532.7	1427.0	1428.4
1993	4130.8	5847.9	3518.8	4963.0	1619.1	1619.0
1994	4063.2	5831.1	3426.3	4693.4	1734.9	1646.9
1995	4239.7	6024.8	3541.5	4916.9	1661.4	1717.6
1996	4482.8	6212.4	3734.1	5203.3	1770.2	1760.7
1997	4376.6	6319.4	4101.9	4387.3	1765.1	1742.5
1998	4502.2	6366.2	3685.3	5267.8	1782.5	1791.0
1999	4492.6	6344.8	3946.6	4944.7	1789.2	1870.5
2000	4261.2	6271.6	3738.2	4597.5	1655.7	1918.7
2001	4266.9	6163.3	3806.1	4698.4	1624.8	1958.1
2002	4399.4	6189.0	3776.5	4924.5	1892.9	1962.0
2003	4332.5	6060.7	3931.8	4812.6	1652.9	1875.2
2004	4620.5	6310.6	4251.9	5120.2	1814.8	2124.6
2005	4641.6	6260.2	4275.3	5287.3	1704.5	2149.2
2006	4745.2	6279.6	4593.4	5326.3	1620.9	2249.3
2007	4756.1	6433.0	4607.7	5166.7	1397.0	2257.8
2008	4968.6	6562.5	4762.0	5555.7	1655.9	2294.9
2009	4892.4	6585.3	4739.0	5258.5	1572.6	2335.1
2010	5005.7	6553.0	4748.4	5453.7	1725.0	2305.0
2011	5208.8	6687.3	4837.2	5747.5	1809.6	2384.7
2012	5353.1	6776.9	4986.2	5869.7	1785.1	2445.6
2013	5439.5	6717.3	5055.6	6015.9	1729.4	2446.3
2014	5445.9	6813.2	5243.5	5808.9	1763.8	2517.4
2015	5553.0	6891.3	5392.6	5892.9	1809.8	2546.5
2016	5539.2	6865.8	5396.9	5967.1	1761.6	2577.5
2017	5607.4	6916.9	5481.2	6110.3	1840.4	2628.1

注：2007~2017 年粮食及油料数据根据第三次农业普查情况做了相应衔接修订。
数据来源：国家统计局统计资料。

4. 各地区粮食播种面积（2016~2017 年）

单位：千公顷

地 区	2016 年	2017 年	2017 年比 2016 年增加	
			绝对数	%
全国总计	119230.1	117989.1	−1241.0	−1.0
东部地区	25752.0	25455.4	−296.6	−1.2
中部地区	35439.9	35036.1	−403.8	−1.1
西部地区	34779.0	34331.8	−447.2	−1.3
东北地区	23259.2	23165.7	−93.5	−0.4
北 京	85.5	66.8	−18.7	−21.9
天 津	362.0	351.4	−10.6	−2.9
河 北	6791.4	6658.5	−132.9	−2.0
山 西	3227.3	3180.9	−46.4	−1.4
内蒙古	6803.4	6780.9	−22.5	−0.3
辽 宁	3515.0	3467.5	−47.5	−1.4
吉 林	5542.4	5544.0	1.6	0.0
黑龙江	14201.8	14154.3	−47.5	−0.3
上 海	158.5	133.1	−25.3	−16.0
江 苏	5583.3	5527.3	−56.0	−1.0
浙 江	951.4	977.2	25.8	2.7
安 徽	7359.0	7321.8	−37.2	−0.5
福 建	832.8	833.2	0.4	0.0
江 西	3807.2	3786.3	−20.9	−0.5
山 东	8517.3	8455.6	−61.7	−0.7
河 南	11219.6	10915.1	−304.4	−2.7
湖 北	4816.1	4853.0	36.9	0.8
湖 南	5010.7	4978.9	−31.7	−0.6
广 东	2177.8	2169.7	−8.1	−0.4
广 西	2897.1	2853.1	−44.1	−1.5
海 南	292.0	282.5	−9.5	−3.3
重 庆	2039.1	2030.7	−8.4	−0.4
四 川	6291.3	6292.0	0.7	0.0
贵 州	3122.2	3052.8	−69.4	−2.2
云 南	4201.3	4169.2	−32.1	−0.8
西 藏	188.5	185.6	−2.8	−1.5
陕 西	3144.0	3019.4	−124.6	−4.0
甘 肃	2684.2	2647.2	−37.1	−1.4
青 海	284.7	282.6	−2.1	−0.8
宁 夏	717.9	722.5	4.6	0.6
新 疆	2405.3	2295.9	−109.4	−4.5

注：1. 东部地区包括：北京、天津、河北、上海、江苏、浙江、福建、山东、广东、海南等10省市；中部地区包括：山西、安徽、江西、河南、湖北、湖南等6省；西部地区包括：重庆、四川、贵州、云南、西藏、陕西、甘肃、青海、宁夏、新疆、内蒙古、广西等12省区市；东北地区包括：辽宁、吉林、黑龙江等3省。
2. 2016年和2017年粮食及油料数据根据第三次农业普查情况做了相应衔接修订。
数据来源：国家统计局统计资料。

5. 各地区粮食总产量（2016~2017 年）

单位：万吨

地 区	2016 年	2017 年	2017 年比 2016 年增加	
			绝对数	%
全国总计	66043.5	66160.7	117.2	0.2
东部地区	15415.1	15581.5	166.4	1.1
中部地区	19923.2	20040.5	117.4	0.6
西部地区	16822.8	16643.6	−179.2	−1.1
东北地区	13882.4	13895.1	12.6	0.1
北 京	52.8	41.1	−11.6	−22.0
天 津	200.4	212.3	11.9	5.9
河 北	3783.0	3829.2	46.3	1.2
山 西	1380.3	1355.1	−25.2	−1.8
内蒙古	3263.3	3254.5	−8.7	−0.3
辽 宁	2315.6	2330.7	15.1	0.7
吉 林	4150.7	4154.0	3.3	0.1
黑龙江	7416.1	7410.3	−5.8	−0.1
上 海	111.8	99.8	−12.0	−10.7
江 苏	3542.4	3610.8	68.4	1.9
浙 江	564.8	580.1	15.3	2.7
安 徽	3961.8	4019.7	57.9	1.5
福 建	477.3	487.2	9.9	2.1
江 西	2234.4	2221.7	−12.7	−0.6
山 东	5332.3	5374.3	42.0	0.8
河 南	6498.0	6524.2	26.2	0.4
湖 北	2796.4	2846.1	49.8	1.8
湖 南	3052.3	3073.6	21.3	0.7
广 东	1204.2	1208.6	4.3	0.4
广 西	1419.0	1370.5	−48.5	−3.4
海 南	146.1	138.1	−8.0	−5.5
重 庆	1078.2	1079.9	1.7	0.2
四 川	3469.9	3488.9	19.0	0.5
贵 州	1264.3	1242.4	−21.8	−1.7
云 南	1815.1	1843.4	28.4	1.6
西 藏	103.9	106.5	2.7	2.6
陕 西	1264.0	1194.2	−69.8	−5.5
甘 肃	1117.5	1105.9	−11.6	−1.0
青 海	104.8	102.5	−2.2	−2.1
宁 夏	370.7	370.1	−0.6	−0.2
新 疆	1552.3	1484.7	−67.6	−4.4

注：1. 东部地区包括：北京、天津、河北、上海、江苏、浙江、福建、山东、广东、海南等 10 省市；中部地区包括：山西、安徽、江西、河南、湖北、湖南等 6 省；西部地区包括：重庆、四川、贵州、云南、西藏、陕西、甘肃、青海、宁夏、新疆、内蒙古、广西等 12 省区市；东北地区包括：辽宁、吉林、黑龙江等 3 省。

2. 2016 年和 2017 年粮食及油料数据根据第三次农业普查情况做了相应衔接修订。

数据来源：国家统计局统计资料。

6. 各地区粮食单位面积产量（2016~2017 年）

单位：公斤/公顷

地 区	2016 年	2017 年	2017 年比 2016 年增加	
			绝对数	%
全国总计	5539.2	5607.4	68.2	1.2
东部地区	5986.0	6121.1	135.1	2.3
中部地区	5621.7	5720.0	98.3	1.7
西部地区	4837.1	4847.9	10.8	0.2
东北地区	5968.6	5998.1	29.5	0.5
北 京	6167.6	6152.2	−15.4	−0.2
天 津	5536.0	6040.7	504.8	9.1
河 北	5570.3	5750.9	180.6	3.2
山 西	4277.0	4260.1	−17.0	−0.4
内蒙古	4796.5	4799.6	3.0	0.1
辽 宁	6587.8	6721.7	133.9	2.0
吉 林	7489.0	7492.8	3.8	0.1
黑龙江	5222.0	5235.4	13.4	0.3
上 海	7053.3	7494.5	441.2	6.3
江 苏	6344.7	6532.7	187.9	3.0
浙 江	5937.3	5936.8	−0.5	0.0
安 徽	5383.5	5490.1	106.5	2.0
福 建	5730.8	5846.6	115.9	2.0
江 西	5868.8	5867.8	−1.1	0.0
山 东	6260.5	6355.9	95.4	1.5
河 南	5791.7	5977.2	185.6	3.2
湖 北	5806.2	5864.7	58.5	1.0
湖 南	6091.6	6173.2	81.6	1.3
广 东	5529.6	5570.1	40.5	0.7
广 西	4898.0	4803.6	−94.5	−1.9
海 南	5002.9	4889.3	−113.6	−2.3
重 庆	5287.7	5317.7	30.0	0.6
四 川	5515.4	5545.0	29.6	0.5
贵 州	4049.3	4069.9	20.6	0.5
云 南	4320.2	4421.5	101.3	2.3
西 藏	5511.9	5738.3	226.4	4.1
陕 西	4020.3	3955.1	−65.2	−1.6
甘 肃	4163.1	4177.7	14.6	0.3
青 海	3680.3	3629.2	−51.1	−1.4
宁 夏	5162.8	5121.7	−41.1	−0.8
新 疆	6453.8	6467.0	13.2	0.2

注：1. 东部地区包括：北京、天津、河北、上海、江苏、浙江、福建、山东、广东、海南等10省市；中部地区包括：山西、安徽、江西、河南、湖北、湖南等6省；西部地区包括：重庆、四川、贵州、云南、西藏、陕西、甘肃、青海、宁夏、新疆、内蒙古、广西等12省区市；东北地区包括：辽宁、吉林、黑龙江等3省。
2. 2016年和2017年粮食及油料数据根据第三次农业普查情况做了相应衔接修订。
数据来源：国家统计局统计资料。

7. 2017 年各地区粮食及油料播种面积和产量（一）

单位：千公顷；万吨；公斤/公顷

地 区	粮 食			稻 谷		
	播种面积	总产量	每公顷产量	播种面积	总产量	每公顷产量
全国总计	117989.1	66160.7	5607.4	30747.2	21267.6	6916.9
东部地区	25455.4	15581.5	6121.1	5857.7	4152.8	7089.6
中部地区	35036.1	20040.5	5720.0	13332.4	8926.9	6695.6
西部地区	34331.8	16643.6	4847.9	6294.7	4262.1	6770.8
东北地区	23165.7	13895.1	5998.1	5262.4	3925.8	7460.1
北 京	66.8	41.1	6152.2	0.1	0.1	5992.0
天 津	351.4	212.3	6040.7	30.5	26.3	8636.9
河 北	6658.5	3829.2	5750.9	75.0	50.4	6722.3
山 西	3180.9	1355.1	4260.1	0.8	0.5	6810.0
内蒙古	6780.9	3254.5	4799.6	122.2	85.2	6975.0
辽 宁	3467.5	2330.7	6721.7	492.7	422.0	8566.5
吉 林	5544.0	4154.0	7492.8	820.8	684.4	8338.3
黑龙江	14154.3	7410.3	5235.4	3948.9	2819.3	7139.6
上 海	133.1	99.8	7494.5	104.1	85.6	8221.7
江 苏	5527.3	3610.8	6532.7	2237.7	1892.6	8457.6
浙 江	977.2	580.1	5936.8	620.7	444.9	7168.2
安 徽	7321.8	4019.7	5490.1	2605.1	1647.5	6323.9
福 建	833.2	487.2	5846.6	628.6	393.2	6255.1
江 西	3786.3	2221.7	5867.8	3504.7	2126.1	6066.6
山 东	8455.6	5374.3	6355.9	108.9	90.1	8280.6
河 南	10915.1	6524.2	5977.2	615.0	485.2	7889.9
湖 北	4853.0	2846.1	5864.7	2368.1	1927.2	8138.1
湖 南	4978.9	3073.6	6173.2	4238.7	2740.4	6465.1
广 东	2169.7	1208.6	5570.1	1805.4	1046.3	5795.6
广 西	2853.1	1370.5	4803.6	1801.7	1019.8	5660.1
海 南	282.5	138.1	4889.3	246.7	123.2	4996.2
重 庆	2030.7	1079.9	5317.7	658.9	486.99	7390.5
四 川	6292.0	3488.9	5545.0	1874.9	1473.7	7860.0
贵 州	3052.8	1242.4	4069.9	700.5	448.8	6407.3
云 南	4169.2	1843.4	4421.5	870.6	529.2	6079.2
西 藏	185.6	106.5	5738.3	0.9	0.5	5606.0
陕 西	3019.4	1194.2	3955.1	105.6	80.6	7626.8
甘 肃	2647.2	1105.9	4177.7	4.0	2.9	7216.0
青 海	282.6	102.5	3629.2	0.0	0.0	0.0
宁 夏	722.5	370.1	5121.7	81.1	68.8	8490.6
新 疆	2295.9	1484.7	6467.0	74.2	65.5	8819.0

注：东部地区包括：北京、天津、河北、上海、江苏、浙江、福建、山东、广东、海南等10省市；中部地区包括：
山西、安徽、江西、河南、湖北、湖南等6省；西部地区包括：重庆、四川、贵州、云南、西藏、陕西、甘肃、
青海、宁夏、新疆、内蒙古、广西等12省区市；东北地区包括：辽宁、吉林、黑龙江等3省。
数据来源：国家统计局统计资料。

7. 2017 年各地区粮食及油料播种面积和产量（二）

单位：千公顷；万吨；公斤 / 公顷

地 区	小 麦			玉 米		
	播种面积	总 产 量	每公顷产量	播种面积	总 产 量	每公顷产量
全国总计	24508.0	13433.4	5481.2	42399.0	25907.1	6110.3
东部地区	9115.4	5415.6	5941.2	8541.2	5259.4	6157.6
中部地区	10294.0	6021.7	5849.7	8162.1	4330.0	5305.0
西部地区	4990.8	1956.6	3920.4	12976.8	7574.4	5836.8
东北地区	107.8	39.5	3663.9	12718.8	8743.3	6874.3
北 京	11.3	6.2	5492.3	49.7	33.2	6676.8
天 津	108.8	62.4	5737.7	201.4	119.3	5922.5
河 北	2373.4	1504.1	6337.5	3544.1	2035.5	5743.4
山 西	560.5	232.4	4146.0	1806.9	977.9	5412.0
内蒙古	673.9	189.1	2805.2	3716.3	2497.4	6720.2
辽 宁	3.6	1.3	3516.4	2692.0	1789.4	6647.3
吉 林	2.4	0.1	613.8	4164.0	3250.8	7806.9
黑龙江	101.8	38.1	3741.6	5862.8	3703.1	6316.3
上 海	21.0	10.2	4846.4	3.0	2.1	6924.6
江 苏	2412.8	1295.5	5369.2	543.2	318.1	5855.3
浙 江	103.7	41.9	4043.4	51.9	23.0	4440.4
安 徽	2822.8	1644.5	5825.7	1160.1	610.7	5264.0
福 建	0.2	0.1	2844.6	26.8	11.4	4251.3
江 西	14.5	3.1	2137.1	35.7	15.4	4319.2
山 东	4083.9	2495.1	6109.7	4000.1	2662.2	6655.2
河 南	5714.6	3705.2	6483.7	3998.9	2170.1	5426.8
湖 北	1153.2	426.9	3701.8	794.8	356.7	4488.6
湖 南	28.3	9.6	3391.0	365.8	199.2	5444.7
广 东	0.5	0.1	3192.5	121.0	54.6	4517.7
广 西	3.1	0.5	1654.7	591.2	271.6	4594.5
海 南	0.0	0.0	0.0	0.0	0.0	0.0
重 庆	30.1	9.8	3245.8	447.3	252.6	5647.2
四 川	652.7	251.6	3855.0	1863.9	1068.0	5730.0
贵 州	156.0	41.2	2641.1	1006.4	441.2	4383.8
云 南	343.7	73.7	2143.9	1763.8	912.9	5175.9
西 藏	39.3	21.9	5576.3	4.9	3.0	6153.8
陕 西	963.1	406.4	4219.6	1196.9	551.1	4604.9
甘 肃	766.5	269.7	3519.0	1041.0	576.7	5539.8
青 海	112.4	42.3	3765.2	18.9	12.2	6479.6
宁 夏	123.1	37.8	3071.5	306.3	214.9	7014.4
新 疆	1126.8	612.6	5436.3	1019.9	772.6	7575.3

注：东部地区包括：北京、天津、河北、上海、江苏、浙江、福建、山东、广东、海南等10省市；中部地区包括：
　　山西、安徽、江西、河南、湖北、湖南等6省；西部地区包括：重庆、四川、贵州、云南、西藏、陕西、甘肃、
　　青海、宁夏、新疆、内蒙古、广西等12省区市；东北地区包括：辽宁、吉林、黑龙江等3省。
数据来源：国家统计局统计资料。

7. 2017 年各地区粮食及油料播种面积和产量（三）

单位：千公顷；万吨；公斤/公顷

地 区	大 豆			油 料		
	播种面积	总产量	每公顷产量	播种面积	总产量	每公顷产量
全国总计	8244.8	1528.2	1853.6	13223.2	3475.2	2628.1
东部地区	533.3	133.0	2493.0	1957.9	692.4	3536.4
中部地区	1510.7	244.2	1616.4	5331.8	1411.1	2646.5
西部地区	2170.8	392.2	1806.8	5170.1	1147.6	2219.7
东北地区	4030.0	758.9	1883.1	763.4	224.2	2936.9
北 京	2.2	0.5	2141.3	2.2	0.5	2471.7
天 津	3.4	0.8	2301.0	5.6	1.3	2259.7
河 北	70.1	17.1	2434.0	394.6	129.4	3279.3
山 西	130.8	17.1	1306.5	114.1	15.0	1318.6
内蒙古	989.0	162.6	1644.4	1113.1	240.7	2162.4
辽 宁	74.3	19.3	2598.5	278.4	81.5	2926.0
吉 林	220.2	50.2	2277.6	408.7	128.5	3144.0
黑龙江	3735.5	689.4	1845.6	76.3	14.3	1868.3
上 海	1.1	0.2	1954.6	3.2	0.8	2356.8
江 苏	194.4	45.0	2312.4	267.6	85.4	3190.1
浙 江	80.4	20.4	2535.1	122.3	26.9	2199.6
安 徽	620.5	94.0	1515.3	518.3	154.7	2983.9
福 建	29.0	7.8	2700.1	72.5	19.6	2698.2
江 西	102.1	25.2	2468.0	699.0	120.6	1725.9
山 东	119.5	32.1	2687.4	725.2	318.3	4389.2
河 南	345.2	50.4	1458.9	1397.5	586.9	4200.0
湖 北	212.3	34.3	1615.6	1291.3	307.7	2382.7
湖 南	99.7	23.2	2327.8	1311.6	226.1	1723.7
广 东	31.2	8.5	2720.3	331.8	101.3	3052.4
广 西	94.3	15.3	1624.9	239.3	64.9	2713.5
海 南	2.1	0.7	3215.0	33.0	9.0	2739.3
重 庆	96.7	19.5	2017.0	318.5	62.4	1959.0
四 川	369.3	85.9	2325.0	1478.9	357.9	2420.0
贵 州	194.7	19.3	990.0	661.2	115.5	1747.2
云 南	173.1	43.5	2511.8	288.8	56.3	1947.8
西 藏	0.0	0.0	0.0	19.6	5.9	3033.8
陕 西	151.9	23.9	1573.8	278.6	59.8	2145.0
甘 肃	64.4	9.3	1450.8	346.5	77.4	2232.5
青 海	0.0	0.0	0.0	155.3	30.3	1949.6
宁 夏	8.0	0.7	908.5	33.3	6.9	2087.4
新 疆	29.5	10.2	3454.4	237.2	69.7	2937.2

注：东部地区包括：北京、天津、河北、上海、江苏、浙江、福建、山东、广东、海南等10省市；中部地区包括：山西、安徽、江西、河南、湖北、湖南等6省；西部地区包括：重庆、四川、贵州、云南、西藏、陕西、甘肃、青海、宁夏、新疆、内蒙古、广西等12省区市；东北地区包括：辽宁、吉林、黑龙江等3省。
数据来源：国家统计局统计资料。

8. 2017 年各地区粮油产量及人均占有量排序

单位：万吨；公斤

地　区	粮食产量		粮食人均占有量		油料产量		油料人均占有量	
	绝对数	位次	绝对数	位次	绝对数	位次	绝对数	位次
全国总计	66160.7		477.21		3475.2		25.07	
北　京	41.1	31	18.94	31	0.5	31	0.25	31
天　津	212.3	26	136.11	26	1.3	29	0.81	29
河　北	3829.2	6	510.92	10	129.4	8	17.27	17
山　西	1355.1	17	367.04	18	15.0	24	4.07	27
内蒙古	3254.5	9	1289.15	3	240.7	5	95.34	1
辽　宁	2330.7	12	532.93	9	81.5	14	18.63	15
吉　林	4154.0	4	1524.39	2	128.5	9	47.15	5
黑龙江	7410.3	1	1953.19	1	14.3	25	3.76	28
上　海	99.8	30	41.25	30	0.8	30	0.31	30
江　苏	3610.8	7	450.56	13	85.4	13	10.65	21
浙　江	580.1	23	103.16	29	26.9	22	4.78	26
安　徽	4019.7	5	645.71	5	154.7	7	24.84	13
福　建	487.2	24	125.15	27	19.6	23	5.02	25
江　西	2221.7	13	482.24	12	120.6	10	26.19	12
山　东	5374.3	3	538.71	8	318.3	3	31.91	9
河　南	6524.2	2	683.49	4	586.9	1	61.49	2
湖　北	2846.1	11	482.93	11	307.7	4	52.21	3
湖　南	3073.6	10	449.29	14	226.1	6	33.05	7
广　东	1208.6	19	109.04	28	101.3	12	9.14	24
广　西	1370.5	16	281.91	23	64.9	17	13.35	19
海　南	138.1	27	149.87	25	9.0	26	9.80	23
重　庆	1079.9	22	352.70	19	62.4	18	20.38	14
四　川	3488.9	8	421.26	16	357.9	2	43.21	6
贵　州	1242.4	18	348.27	20	115.5	11	32.38	8
云　南	1843.4	14	385.19	17	56.3	20	11.75	20
西　藏	106.5	28	319.18	21	5.9	28	17.80	16
陕　西	1194.2	20	312.31	22	59.8	19	15.63	18
甘　肃	1105.9	21	422.43	15	77.4	15	29.55	10
青　海	102.5	29	172.14	24	30.3	21	50.82	4
宁　夏	370.1	25	545.44	7	6.9	27	10.24	22
新　疆	1484.7	15	613.13	6	69.7	16	28.77	11

数据来源：国家统计局统计资料。

9. 2017 年各地区人均粮食占有量

单位：公斤／人

地 区	粮 食	其中：谷物	稻 谷	小 麦	玉 米	大 豆
全国总计	477.21	443.74	153.40	96.89	186.87	11.02
北 京	18.94	18.39	0.03	2.85	15.29	0.22
天 津	136.11	134.61	16.89	40.02	76.49	0.50
河 北	510.92	490.27	6.73	200.69	271.59	2.28
山 西	367.04	346.71	0.14	62.95	264.86	4.63
内蒙古	1289.15	1160.93	33.76	74.88	989.25	64.42
辽 宁	532.93	517.05	96.50	0.29	409.16	4.41
吉 林	1524.39	1484.02	251.17	0.05	1192.94	18.41
黑龙江	1953.19	1742.16	743.11	10.04	976.05	181.72
上 海	41.25	41.03	35.39	4.21	0.87	0.09
江 苏	450.56	441.26	236.16	161.65	39.69	5.61
浙 江	103.16	91.30	79.12	7.45	4.10	3.62
安 徽	645.71	627.72	264.64	264.16	98.09	15.10
福 建	125.15	104.38	101.01	0.01	2.93	2.01
江 西	482.24	465.79	461.49	0.67	3.34	5.47
山 东	538.71	527.18	9.04	250.11	266.85	3.22
河 南	683.49	668.68	50.84	388.16	227.35	5.28
湖 北	482.93	460.85	327.00	72.44	60.53	5.82
湖 南	449.29	431.97	400.57	1.40	29.11	3.39
广 东	109.04	99.42	94.40	0.01	4.93	0.76
广 西	281.91	266.99	209.77	0.10	55.88	3.15
海 南	149.87	133.73	133.72	0.00	0.00	0.73
重 庆	352.70	247.05	159.06	3.19	82.51	6.37
四 川	421.26	341.92	177.94	30.38	128.95	10.37
贵 州	348.27	266.46	125.81	11.55	123.67	5.40
云 南	385.19	327.66	110.58	15.40	190.76	9.08
西 藏	319.18	305.62	1.49	65.74	8.99	5.99
陕 西	312.31	280.95	21.07	106.28	144.14	6.25
甘 肃	422.43	339.69	1.11	103.03	220.27	3.57
青 海	172.14	109.00	0.00	71.05	20.55	0.00
宁 夏	545.44	491.00	101.48	55.74	316.71	1.08
新 疆	613.13	600.59	27.04	252.97	319.06	4.20

数据来源：国家统计局统计资料。

10. 2017 年各地区人均农产品占有量

单位：公斤

地　区	粮食	棉花	油料	糖料	水果	油料
全国总计	477.2	4.1	25.1	82.1	182.1	46.5
北　京	18.9	0.0	0.2	0.0	34.3	2.1
天　津	136.1	1.6	0.8	0.0	37.3	20.7
河　北	510.9	3.2	17.3	8.3	182.2	15.5
山　西	367.0	0.1	4.1	0.2	228.6	1.4
内蒙古	1289.1	0.0	95.3	136.4	127.9	6.2
辽　宁	532.9	0.0	18.6	2.4	176.1	109.6
吉　林	1524.4	0.0	47.1	1.0	32.8	8.1
黑龙江	1953.2	0.0	3.8	9.9	62.4	15.5
上　海	41.3	0.0	0.3	0.1	19.2	11.1
江　苏	450.6	0.3	10.7	0.6	117.6	63.3
浙　江	103.2	0.1	4.8	6.7	133.6	105.7
安　徽	645.7	1.4	24.8	1.8	97.4	35.0
福　建	125.2	0.0	5.0	6.8	165.6	191.3
江　西	482.2	2.3	26.2	14.6	145.5	54.4
山　东	538.7	2.1	31.9	0.0	281.1	87.0
河　南	683.5	0.5	61.5	1.7	272.6	9.9
湖　北	482.9	3.1	52.2	4.6	160.9	79.0
湖　南	449.3	1.6	33.0	4.9	139.8	35.3
广　东	109.0	0.0	9.1	121.2	138.8	75.2
广　西	281.9	0.0	13.4	1467.1	390.9	66.0
海　南	149.9	0.0	9.8	144.4	440.0	196.2
重　庆	352.7	0.0	20.4	2.9	131.7	16.8
四　川	421.3	0.0	43.2	4.2	121.7	18.2
贵　州	348.3	0.0	32.4	14.1	78.5	7.1
云　南	385.2	0.0	11.8	316.8	163.8	13.2
西　藏	319.2	0.0	17.8	0.0	0.5	0.1
陕　西	312.3	0.3	15.6	0.7	502.7	4.3
甘　肃	422.4	1.2	29.5	10.2	241.0	0.6
青　海	172.1	0.0	50.8	0.0	6.1	2.7
宁　夏	545.4	0.0	10.2	0.0	310.4	26.7
新　疆	613.1	188.6	28.8	185.1	586.5	6.8

数据来源：国家统计局统计资料。

11. 2017 年分地区粮食产业主要经济指标情况表

单位：亿元

项目	工业总产值	销售收入	利税总额	利润总额
全国总计	29017.4	29417.1	3898.1	1772.3
北　京	307.0	410.6	2152.3	26.5
天　津	390.2	405.8	2137.3	11.5
河　北	1019.0	990.2	2157.9	32.1
山　西	204.2	202.9	2142.5	16.6
内蒙古	405.7	649.5	2157.6	31.8
辽　宁	798.1	780.6	2150.4	24.5
吉　林	571.4	563.3	2155.0	29.2
黑龙江	832.4	840.3	2155.5	29.6
上　海	266.3	389.5	2139.7	13.9
江　苏	2615.8	2636.9	2274.3	148.5
浙　江	546.5	558.1	2151.3	25.5
安　徽	2702.8	2501.3	2227.0	101.2
福　建	738.7	743.4	2164.4	38.6
江　西	903.0	886.4	2157.9	32.1
山　东	3946.0	4078.4	2267.7	141.8
河　南	1883.0	1783.4	2188.9	63.1
湖　北	2352.3	2251.8	2233.1	107.3
湖　南	1310.6	1259.8	2173.3	47.5
广　东	2148.8	2263.6	2238.4	112.5
广　西	905.9	866.6	2150.3	24.5
海　南	66.3	75.9	2127.7	1.9
重　庆	246.9	294.1	2136.9	11.0
四　川	1799.7	1921.3	2318.6	192.7
贵　州	856.1	889.8	2578.9	453.0
云　南	197.0	223.0	2133.0	7.1
西　藏	10.8	8.9	2128.5	2.7
陕　西	446.6	404.4	2145.4	19.6
甘　肃	107.9	98.0	2133.9	8.1
青　海	30.4	25.0	2128.2	2.4
宁　夏	167.9	164.7	2133.6	7.8
新　疆	239.9	249.8	2133.4	7.5

数据来源：国家粮食和物资储备局统计资料。

12. 2017 年分地区粮食产业生产能力汇总表

单位：万吨

项　　目	年处理小麦	年处理稻谷	年处理玉米	年处理油料	年精炼油脂	年生产饲料
全国总计	19941.8	36397.1	1660.3	16928.2	5478.1	31474.7
北　京	153.3	112.9	0.6	8.3	6.0	221.5
天　津	86.3	41.7	1.2	532.8	312.1	212.0
河　北	1786.1	163.1	63.6	624.6	116.9	1156.1
山　西	313.2	1.4	30.8	68.5	17.6	475.6
内蒙古	207.6	131.9	89.7	247.0	38.9	588.5
辽　宁	102.0	1714.0	142.2	749.5	155.2	1962.2
吉　林	15.0	1697.6	96.0	211.6	35.4	887.5
黑龙江	246.6	7159.9	222.8	952.9	113.3	1248.9
上　海	51.3	130.4	/	62.7	107.0	189.1
江　苏	1723.2	3026.5	16.7	2364.3	906.7	1764.0
浙　江	137.9	666.2	20.7	342.4	100.4	743.8
安　徽	2106.1	4244.7	231.8	515.0	256.4	1367.4
福　建	255.0	727.8	3.9	608.6	215.5	1052.9
江　西	/	3472.8	12.0	119.2	97.6	1690.2
山　东	4253.5	213.9	159.2	2665.2	527.1	4340.1
河　南	5175.7	882.8	142.0	728.2	214.5	1665.4
湖　北	763.4	5192.4	67.5	1235.5	471.0	1573.6
湖　南	35.9	2910.3	16.8	479.1	176.9	2024.0
广　东	474.0	739.3	28.4	1304.1	437.7	3377.1
广　西	20.6	642.3	/	1232.9	437.6	1429.0
海　南	/	30.1	/	/	/	252.4
重　庆	10.5	325.3	/	77.0	90.2	402.3
四　川	251.3	1187.9	87.3	658.7	262.3	1449.2
贵　州	11.2	299.1	4.8	136.1	40.5	204.3
云　南	56.7	261.0	2.0	59.1	33.2	400.8
西　藏	11.8	/	/	5.6	0.2	1.2
陕　西	576.5	122.6	31.8	201.6	85.9	306.9
甘　肃	403.6	5.5	1.2	54.9	20.9	149.4
青　海	29.2	/	0.0	147.5	54.6	11.5
宁　夏	159.1	239.4	/	30.7	21.2	128.5
新　疆	525.4	54.6	187.4	504.9	125.4	199.3

数据来源：国家粮食和物资储备局统计资料。

13. 粮食成本收益变化情况表（1991~2017 年）

单位：元

年份	每50公斤平均出售价格				每亩总成本				每亩净利润			
	粮食平均	稻谷	小麦	玉米	粮食平均	稻谷	小麦	玉米	粮食平均	稻谷	小麦	玉米
1991	26.1	28.5	30.0	21.1	153.9	188.4	138.4	135.3	34.3	62.4	6.3	34.0
1992	28.4	29.3	33.1	24.3	163.8	192.3	149.3	150.6	44.0	67.7	21.2	42.3
1993	35.8	40.4	36.5	30.2	178.6	211.2	169.8	155.2	92.3	145.1	35.6	95.8
1994	59.4	71.2	56.5	48.2	239.4	298.1	213.2	206.7	190.7	316.7	82.3	173.3
1995	75.1	82.1	75.4	67.0	321.8	391.4	281.7	292.2	223.9	311.1	130.5	230.1
1996	72.3	80.6	81.0	57.2	388.7	458.3	359.5	351.2	155.7	247.5	92.9	123.8
1997	65.1	69.4	70.1	55.8	386.1	450.2	349.5	358.4	105.4	171.8	74.8	69.8
1998	62.1	66.9	66.6	53.8	383.9	437.4	357.5	356.6	79.3	155.9	-6.2	88.2
1999	53.0	56.6	60.4	43.7	370.7	425.2	351.5	337.2	25.6	75.8	-12.1	11.2
2000	48.4	51.7	52.9	42.8	356.2	401.7	352.5	330.6	-3.2	50.1	-28.8	-6.9
2001	51.5	53.7	52.5	48.3	350.6	400.5	323.6	327.9	39.4	81.4	-27.5	64.3
2002	49.2	51.4	51.3	45.6	370.4	415.8	342.7	351.6	4.9	37.6	-52.7	30.8
2003	56.5	60.1	56.4	52.7	368.3	419.1	339.6	347.6	42.9	94.9	-30.3	62.8
2004	70.7	79.8	74.5	58.1	395.5	454.6	355.9	375.7	196.5	285.1	169.6	134.9
2005	67.4	77.7	69.0	55.5	425.0	493.3	389.6	392.3	122.6	192.7	79.4	95.5
2006	72.0	80.6	71.6	63.4	444.9	518.2	404.8	411.8	155.0	202.4	117.7	144.8
2007	78.8	85.2	75.6	74.8	481.1	555.2	438.6	449.7	185.2	229.1	125.3	200.8
2008	83.5	95.1	82.8	72.5	562.4	665.1	498.6	523.5	186.4	235.6	164.5	159.2
2009	91.3	99.1	92.4	82.0	630.3	716.7	592.0	582.3	162.4	217.6	125.5	144.2
2010	103.8	118.0	99.0	93.6	672.7	766.6	618.6	632.6	227.2	309.8	132.2	239.7
2011	115.4	134.5	104.0	106.1	791.2	897.0	712.3	764.2	250.8	371.3	117.9	263.1
2012	119.9	138.1	108.3	111.1	936.4	1055.1	830.4	924.2	168.4	285.7	21.3	197.7
2013	121.1	136.5	117.8	108.8	1026.2	1151.1	914.7	1012.0	72.9	154.8	-12.8	77.5
2014	124.4	140.6	120.6	111.9	1068.6	1176.6	965.1	1063.9	124.8	204.8	87.8	81.8
2015	116.3	138.0	116.4	94.2	1090.0	1202.1	984.3	1083.7	19.6	175.4	17.4	-134.2
2016	108.4	136.8	111.6	77.0	1093.6	1201.8	1012.5	1065.6	-80.3	142.0	-82.2	-299.7
2017	111.6	137.9	116.6	82.2	1081.6	1210.2	1007.6	1026.5	-12.5	132.6	6.1	-175.8

数据来源：国家发展改革委统计资料。

14. 国有粮食企业主要粮食品种收购量（2005~2017 年）

单位：原粮，万吨

年　份	合计	小麦	稻谷	玉米	大豆	其他
2005	12617.45	3745.20	3695.95	4529.90	506.00	140.40
2006	13199.30	6039.95	3096.25	3424.70	492.20	146.20
2007	11039.30	4733.15	2856.95	3008.30	321.45	119.45
2008	17008.00	6712.70	5142.10	4754.20	313.40	85.60
2009	16386.50	6833.95	3800.95	4988.45	653.00	110.15
2010	13352.15	6177.70	3082.10	3333.65	648.80	109.90
2011	12672.05	4650.40	4028.70	3428.10	465.65	99.20
2012	13498.40	4871.40	3709.30	4260.90	563.90	92.90
2013	18630.90	4023.80	5722.90	8472.70	317.20	94.30
2014	20656.75	5779.05	5497.55	8995.50	317.05	67.60
2015	26122.90	5095.30	5787.10	15046.60	140.10	53.80
2016	22514.25	5939.75	6114.80	10331.50	66.55	61.65
2017	16397.40	5250.15	5144.25	5801.65	145.65	55.70

数据来源：国家粮食和物资储备局统计资料。

15. 国有粮食企业主要粮食品种销售量（2005~2017 年）

单位：原粮，万吨

年　份	合计	小麦	稻谷	玉米	大豆	其他
2005	13275.10	4276.90	3693.55	4348.75	841.70	114.20
2006	13209.30	4246.10	3846.50	4133.20	847.60	135.90
2007	14230.60	5104.00	4168.35	3890.35	892.75	175.15
2008	16635.80	7352.90	4430.90	3985.40	755.90	110.70
2009	17974.45	7094.20	4335.35	5261.40	1145.75	137.75
2010	20280.35	7569.00	4416.85	6454.75	1662.95	176.80
2011	20513.80	7342.20	5200.80	5839.05	1992.20	139.55
2012	18154.70	6929.95	4296.05	4548.00	2188.10	192.60
2013	20814.20	7623.60	4435.80	6179.65	2418.00	157.15
2014	22860.05	6124.95	5586.30	8226.25	2618.10	304.45
2015	20400.50	5616.00	5717.30	5639.40	2704.60	723.20
2016	26906.30	5957.70	6867.90	10523.15	2950.60	606.95
2017	33269.60	6769.25	7374.95	14270.95	4210.55	643.90

数据来源：国家粮食和物资储备局统计资料。

16. 全国粮油进口情况表（2001~2017 年）

单位：万吨

年 份	粮食	谷物	小麦	大米	玉米	大麦	大豆	食用植物油	豆油	菜籽油	棕榈油	花生油
2001	1950.4	344.3	73.9	26.9	3.9	236.8	1393.9	149.2	7.0	4.9	136.0	0.9
2002	1605.1	284.9	63.2	23.6	0.8	190.7	1131.4	266.3	87.0	7.8	169.5	0.4
2003	2525.8	208.0	44.7	25.7	0.1	136.3	2074.1	441.2	188.4	15.2	232.8	0.7
2004	3351.5	974.5	725.8	75.6	0.2	170.7	2023.0	529.1	251.6	35.3	239.0	0.0
2005	3647.0	627.1	353.9	51.4	0.4	217.9	2659.0	471.9	169.4	17.8	283.8	0.0
2006	3713.8	358.2	61.3	71.9	6.5	213.1	2823.7	581.3	154.3	4.4	418.7	0.0
2007	3731.0	155.5	10.1	48.8	3.5	91.3	3081.7	767.5	282.3	37.5	438.7	1.1
2008	4130.6	154.0	4.3	33.0	5.0	107.6	3743.6	752.8	258.6	27.0	464.7	0.6
2009	5223.1	315.0	90.4	35.7	8.4	173.8	4255.1	816.2	239.1	46.8	511.4	2.1
2010	6695.4	570.7	123.1	38.8	157.3	236.7	5479.8	687.2	134.1	98.5	431.4	6.8
2011	6390.0	544.6	125.8	59.8	175.4	177.6	5263.7	656.8	114.3	55.1	470.1	6.1
2012	8024.6	1398.2	370.1	236.9	520.8	252.8	5838.4	845.1	182.6	117.6	523.0	6.3
2013	8645.2	1458.1	553.5	227.1	326.6	233.5	6337.5	809.8	115.8	152.7	487.4	6.1
2014	10042.4	1951.0	300.4	257.9	259.9	541.3	7139.9	650.2	113.5	81.0	396.9	9.4
2015	12477.5	3270.4	300.6	337.7	473.0	1073.2	8169.2	676.5	81.8	81.5	431.2	12.8
2016	11467.6	2198.9	341.2	356.2	316.8	500.5	8391.3	552.8	56.0	70.0	315.7	10.7
2017	13061.5	2559.2	442.2	402.6	282.7	886.3	9552.6	577.3	65.3	75.7	346.5	10.8

数据来源：国家发展改革委统计资料。

17. 全国粮油出口情况表（2001~2017 年）

单位：万吨

年 份	粮食	谷物				大豆	食用植物油	豆油	菜籽油
			小麦	大米	玉米				
2001	991.2	875.6	71.3	185.9	600.0	24.8	13.5	6.0	5.4
2002	1619.6	1482.2	97.7	198.2	1167.5	27.6	9.7	4.7	1.8
2003	2354.6	2194.7	251.4	260.5	1640.1	26.7	6.0	1.1	0.5
2004	620.4	473.4	108.9	89.8	232.4	33.5	6.5	1.9	0.5
2005	1182.3	1013.7	60.5	67.4	864.2	39.6	22.5	6.3	3.1
2006	774.4	605.2	151.0	124.0	309.9	37.9	39.9	11.8	14.5
2007	1169.5	986.7	307.3	134.3	492.1	45.6	16.6	6.6	2.2
2008	378.9	181.2	31.0	97.2	27.3	46.5	24.8	13.4	0.7
2009	328.3	131.7	24.5	78.0	13.0	34.6	11.4	6.9	0.9
2010	275.1	119.9	27.7	62.2	12.7	16.4	9.2	5.9	0.4
2011	287.5	116.4	32.8	51.6	13.6	20.8	12.2	5.1	0.3
2012	276.6	96.0	28.5	27.9	25.7	32.0	10.0	6.5	0.7
2013	243.1	94.7	27.8	47.8	7.8	20.9	11.5	9.0	0.6
2014	211.4	70.9	19.0	41.9	2.0	20.7	13.4	10.0	0.7
2015	163.5	47.8	12.2	28.7	1.1	13.4	13.5	10.4	0.5
2016	190.1	58.1	11.3	39.5	0.4	12.7	11.3	8.0	0.5
2017	280.2	155.7	18.3	119.7	8.6	11.2	20.0	13.3	2.1

数据来源：国家发展改革委统计资料。

18. 国民经济与社会发展总量指标（1978~2017 年）（一）

指　标	单　位	1978 年	1990 年	2000 年	2016 年	2017 年
人口						
年末总人口	万人	96259	114333	126743	138271	139008
城镇人口	万人	17245	30195	45906	79298	81347
乡村人口	万人	79014	84138	80837	58973	57661
就业和失业						
就业人员	万人	40152	64749	72085	77603	77640
＃城镇就业人员	万人	9514	17041	23151	41428	42462
城镇登记失业人员	万人	530	383	595	982	972
国民经济核算						
国内生产总值	亿元	3678.7	18872.9	100280.1	743585.5	827121.7
第一产业	亿元	1018.5	5017.2	14717.4	63672.8	65467.6
第二产业	亿元	1755.2	7744.3	45664.8	296547.7	334622.6
第三产业	亿元	905.1	6111.4	39897.9	383365.0	427031.5
人均国内生产总值	元	385	1663	7942	53935	59660
居民收入						
全国居民人均可支配收入	元				23821	25974
城镇居民人均可支配收入	元	343	1510	6280	33616	36396
农村居民人均可支配收入	元	134	686	2253	12363	13432
财政						
一般公共预算收入	亿元	1132.3	2937.1	13395.2	159605.0	172566.6
一般公共预算支出	亿元	1122.1	3083.6	15886.5	187755.2	203330.0
能源						
能源生产总量	万吨标准煤	62770	103922	138570	346037	359000
能源消费总量	万吨标准煤	57144	98703	146964	435819	449000
固定资产投资						
全社会固定资产投资总额	亿元		4517.0	32917.7	606465.7	641238.4
＃房地产开发	亿元		253.3	4984.1	102580.6	109798.5
对外贸易和实际利用外资						
货物进出口总额	亿美元	206.4	1154.4	4742.9	243386.5	277923.0
出口额	亿美元	97.5	620.9	2492.0	138419.3	153320.6
进口额	亿美元	108.9	533.5	2250.9	104967.2	124602.4
外商直接投资	亿美元		34.9	407.2	1260.0	1310.4
主要农业、工业产品产量						
粮食	万吨	30476.5	44624.3	46217.5	66043.5	66160.7
油料	万吨	521.8	1613.2	2954.8	3400.0	3475.2
棉花	万吨	216.7	450.8	441.7	529.9	548.6
肉类	万吨			6013.9	8537.8	8588.1
原煤	亿吨	6.18	10.80	13.84	34.11	35.24
原油	万吨	10405	13831	16300	19969	19151
水泥	万吨	6524	20971	59700	241031	233679
粗钢	万吨	3178	6635	12850	80761	83173
发电量	亿千瓦小时	2566	6212	13556	61332	64951

数据来源：国家统计局统计资料。

18. 国民经济与社会发展总量指标〔1978~2017 年〕（二）

指　标	单　位	1978 年	1990 年	2000 年	2016 年	2017 年
建筑业						
建筑业总产值	亿元		1345	12498	193567	213954
消费品零售和旅游						
社会消费品零售总额	亿元	1559	8300	39106	332316	366262
入境游客	万人次	180.9	2746.2	8344.4	13844.0	13948.0
国际旅游收入	亿美元	2.6	22.2	162.2	1200.0	1234.0
运输和邮电						
沿海主要港口货物吞吐量	万吨	19834	48321	125603	810932.7	865463.5
邮政业务总量	亿元	14.9	46.0	232.8	7397.2	9763.7
电信业务总量	亿元	19.2	109.6	4559.9	15617.0	27556.6
移动电话用户	万户		1.8	8453.3	132193.4	141748.8
固定电话用户	万户	192.5	685.0	14482.9	20662.4	19376.2
金融						
金融机构人民币各项	亿元					
存款余额		1155	13943	123804	1505864	1641044
金融机构人民币各项	亿元					
贷款余额		1890	17511	99371	1066040.06	1201320.99
科技、教育、卫生、文化						
研究与试验发展经费支出	亿元			895.7	15677	17500
技术市场成交额	亿元			651	11407	13424
在校学生数						
#普通本、专科	万人	85.6	206.3	556.1	2695.8	2753.6
普通高中	万人	1553.1	717.3	1201.3	2366.6	2374.5
初中	万人	4995.2	3916.6	6256.3	4329.4	4442.1
普通小学	万人	14624.0	12241.4	13013.3	9913.0	10093.7
医院数	个	9293	14377	16318	29140	31056
医院床位数	万张	110.0	186.9	216.7	568.9	612.0
执业（助理）医师	万人	97.8	176.3	207.6	319.1	339.0
社会保障						
参加基本养老保险人数	万人		6166	13617	88777	91454
参加基本医疗保险人数	万人			3787	74392	117664
参加失业保险人数	万人			10408	18089	18784
参加工伤保险人数	万人			4350	21889	22726
参加生育保险人数	万人			3002	18451	19240
社会保险基金收入	亿元		187	2645	53563	66362

注：1. 由于计算误差的影响，按支出法计算的国内生产总值不等于按生产法计算的国内生产总值。

　　2. 本表价值量指标中，邮电业务总量 2000 年及以前按 1990 年不变价格计算，2001~2010 年按 2000 年不变价格计算，2011 年起按 2010 年不变价格计算。其余指标按当年价格计算。

　　3. 2017 年社会保障数据为快报数，最终数据以当年公报为准。2017 年大部分省份参加新兴农村合作医疗的人员并入城乡居民基本医疗保险参保人数中；2016 年及以前主要为城镇基本医疗保险参保人数。

数据来源：国家统计局统计资料。

后　记

经原国家粮食局批准，在有关部门的大力支持下，《中国粮食发展报告》自2004年以来已连续出版14年，受到社会的普遍关注，得到了有关部门及社会各界的一致肯定。《2018中国粮食发展报告》（以下简称《报告》）全面、客观地介绍了我国2017年粮食发展情况，针对粮食生产和流通领域的热点、难点问题进行对策研究，收录了较为完备的粮食行业统计资料。《报告》（包括附表）所有统计资料和数据均未包括我国香港、澳门特别行政区和台湾地区。

《报告》在编写过程中得到了国家发展改革委、农业农村部、国家统计局等有关部门的大力支持，参加《报告》编写工作的部门及单位有：国家发展改革委农经司、经贸司、价格司，农业农村部种植业管理司，国家统计局综合司、农村司，国家粮食和物资储备局办公室、粮食储备司、法规体改司、规划建设司、财务审计司、安全仓储与科技司、执法督查局、外事司、人事司、信息化推进办公室、"深化改革转型发展"大讨论办公室、标准质量中心、中国粮食研究培训中心、国家粮油信息中心、粮食交易协调中心、中国粮油学会、中国粮食行业协会（杂粮分会）等。

在此，谨向在《报告》编写过程中给予大力支持的领导、专家和同志们表示衷心的感谢！《报告》如有不妥之处，敬请批评指正。

《中国粮食发展报告》编辑部

中国粮食研究培训中心

2018年12月5日